Rudolf Casagrande
Öl für Lagos
Ein Tagebuch aus Nigeria

Rudolf Casagrande

Öl für Lagos

Ein Tagebuch aus Nigeria

KÖNIG

Die Deutsche Bibliothek verzeichnet diese Publikation in der Deutschen National-
bibliografie; detaillierte bibliographische Daten sind im Internet abrufbar über:
www.dnb.ddb.de

Das Verzeichnis lieferbarer Bücher (VLB), die umfangreichste Datenbank für den
deutschsprachigen Buchhandel, verzeichnet diese Publikation im entsprechenden Sachgebiet; detaillierte Bestell-Daten sind im Internet abrufbar über:
www.vlb-katalog.de

Für Privatkunden und Interessenten hält der Buchverlag König ein umfangrei-
ches Angebot von Publikationen und wichtigen Zusatzinformationen im
Internet bereit unter: **www.buchverlag-koenig.de**

ISBN: 978-3-943210-02-6

© 1. Auflage, 2011 by Buchverlag König, Greiz

Das gesamte Werk ist im Rahmen des Urheberrechtsgesetzes geschützt. Jegliche
vom Verlag nicht autorisierte Verwertung ist unzulässig. Dies gilt auch für die
Verbreitung durch Funk, Fernsehen, fotomechanische Wiedergabe, Tonträger aller
Art, elektronische Medien und das Internet sowie für auszugsweisen Nachdruck.

Lektorat & Textsatz:	Buchverlag König, GEK
Bild-Layout:	Buchverlag König, Satz- und Layoutstudio, billy
Umschlaggestaltung:	Buchverlag König, Satz- und Layoutstudio, billy
	unter Verwendung einer Zeichnung des Autors
Druck:	Digitaldruck, Loebersdorf, www.digitaldruck.at
Verarbeitung:	Buchverlag König

Diese schriftlichen und zeichnerischen Notizen entstanden während eines Aufenthaltes in Lagos beim Bau eines Jetty, einer Ölverladestation.

„Wenn man die unbedeutendsten Tatsachen zu erzählen versucht, aber nur streng das sagen will, was sich wirklich zugetragen hat, so bemerkt man bald wie Falschheit (...) entsteht. Daher ist nichts so selten als eine buchstäblich wahre Erzählung."

Wilhelm von Humbold wusste das schon vor beinahe 200 Jahren.

Darum sind die Aufzeichnungen so belassen, wie sie direkt vor Ort festgehalten wurden, um möglichst authentisch und wahr zu bleiben.

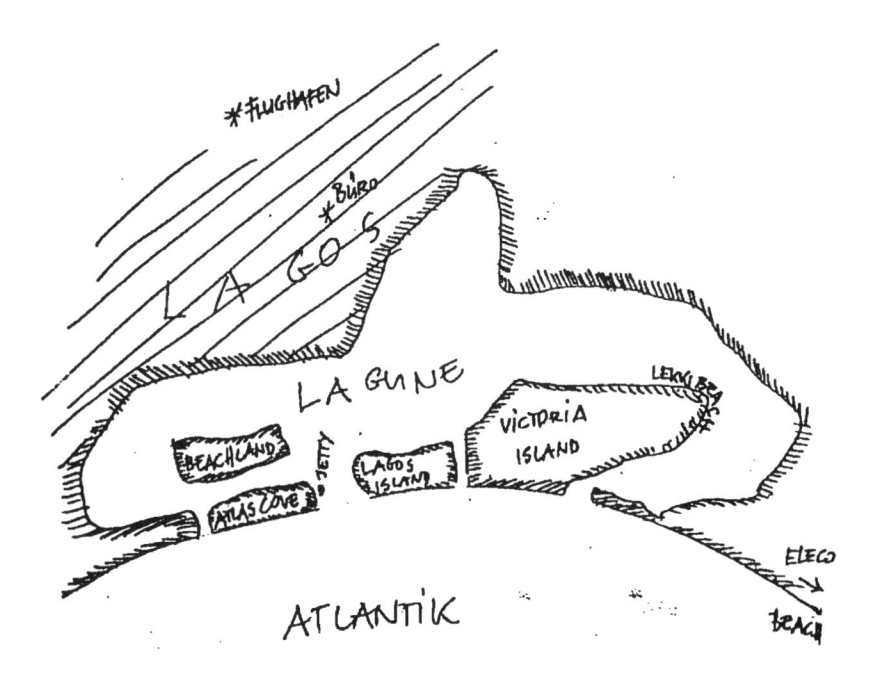

Der Reisebeginn

Natürlich wie meist! Der Flug ist viel zu früh am Morgen. Kein Frühstück - weil es doch Frühstück im Flugzeug gibt. Und dann hängt der Magen bis zum Boden bis man endlich nach all den Kontrollen und Überprüfungen im Flugzeug sitzt. So auch diesmal. Zur nachtschlafenden Zeit, um halb sechs Uhr Früh, sitze ich in der S- Bahn zum Münchner Flughafen und werde tatsächlich kontrolliert. Ich war in der Vergangenheit, auch tagsüber, noch nie kontrolliert worden, und darum versucht gewesen, diesmal ohne Fahrkarte zum Flughafen zu fahren. Nur weil ich genügend Zeit hatte, kaufte ich doch eine Karte. Nicht so viel Glück hatte eine türkische Putzfrau des Flughafens. Für die begann der Tag ausgesprochen lausig als die Kontrolle kam.

Im Flugzeug in der Holzklasse nur Zeitungen, keine Magazine. Ich frage eine Stewardess: *„Kann ich einen Spiegel haben?"* und sie saust ab, um nach einer Weile zurückzukommen. *„Wir haben nur Spiegel auf der Toilette!"* Ich schaue sie vertrottelt an. Verarscht sie mich oder ist das ein alter Crewscherz?! Meine Mine gibt ihr offensichtlich zu denken, sie zieht in die Galley ab, dort Kichern und dann kommt sie lachend mit dem Magazin zurück. Offen bleibt, wer nun auf der Leitung stand, ob sie mich nun veralbert hat oder es tatsächlich zuerst nicht verstand.

Paris - Lagos

Gleich nach dem Start erhält jeder Passagier ein kleines Päckchen mit Augenmaske, Ohrstöpsel und Ohrhörer für das Filmprogramm und die Musiksendungen. Der dicke Schwarze neben mir packt alles geschwind aus, wirft das Verpackungsmaterial hektisch auf den Boden, steckt sich die Ohrstöpsel in

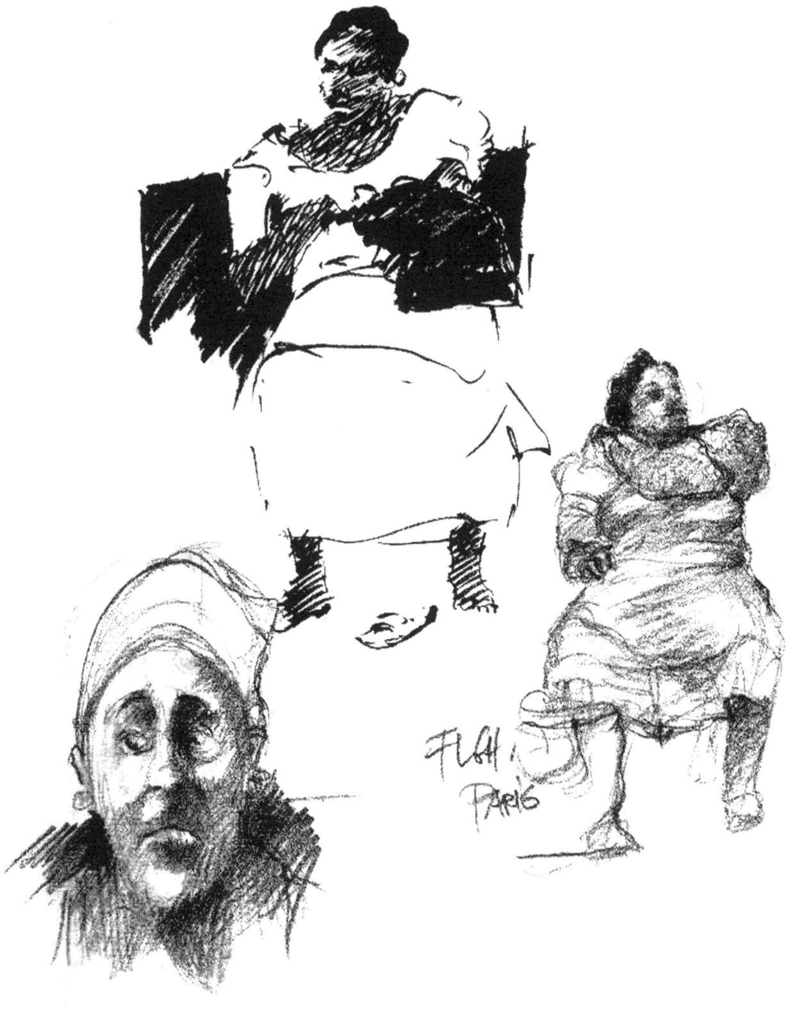
PARIS

seine Ohrmuscheln und versucht dann die Ohrhörer zu testen. Das funktioniert natürlich nicht, weil er den Stecker nicht eingesteckt hat und auch wegen der Ohrstöpsel. Er reklamiert die Hörer bei der Stewardesse. Sie bringt ihm neue, ohne nach dem Grund zu fragen. Dieselbe Auspackprozedur, dieselbe Hektik und diesmal funktionieren die Hörer oder er hat keine Lust mehr. Jedenfalls legt er sich zum Schlafen zurecht, und rührt sich nicht mehr bis zur Ankunft in Lagos, etwa fünf Stunden später. Nur zum Essen schreckt er kurz auf.

Kurz vor der Landung in Lagos bittet mich der Chinese auf der anderen Seite um Hilfe beim Ausfüllen des Einreiseformulars mit den Worten: *„Me few english"*. Diese Hilfe verweigere ich ihm keinesfalls, schon um möglichst zu verhindern, dass er noch ein Wort sagt. Er hat einen grauenhaften Mundgeruch. Ich fülle ohne weitere Rücksprache seinen Zettel aus. Bei „Beruf" besteht er vehement darauf, statt dem in seinem Pass aufgeführten „Employee" den Beruf eines „Salesman" in das Formblatt einzutragen. Er ist neunzehn Jahre alt, ihm scheint Salesman wie Salesmanager zu klingen.

Nun, vielleicht wird's was.

Ankunft in Lagos

In Lagos war die Abholung nicht ganz so problemlos wie ich erwartet hatte. Ein Typ sollte mich abholen und der käme nach innen in die Flughafenhalle.

Ich wartete, aber er kam nicht. Jeder, der versuchte in die Abfertigungshalle vorzudringen, wurde von der Polizei verscheucht.

Die Abholungsdelegation stand, wie ich später erfuhr, draußen im Freien. Ich ging durch die Kontrollen aber nicht nach draußen. (Dort gab's doch kein Aircondition!) In der Vorhalle waren natürlich - wie auf allen Flughäfen der dritten Welt -

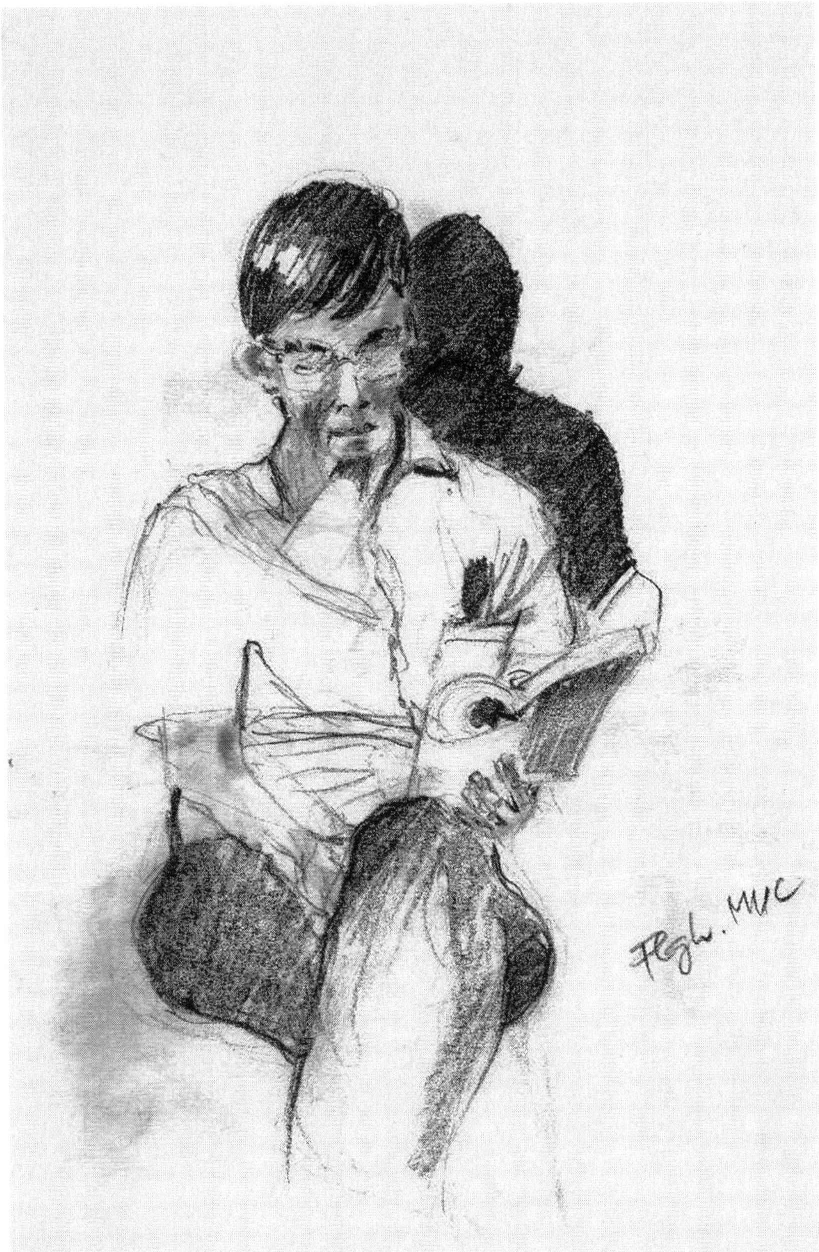

irgendwelche Typen, die alles wissen und alles wissen wollen. Welche Firma, woher, warum, Taxi oder Geldwechseln. Letztlich klappte es dann doch. Einer der Alleswisser brachte die zwei Leute, die mich abholen sollten, zu mir. Ein Unbeteiligter erklärte mir, ich hätte zwanzig Dollar als Anerkennung der Hilfe zu zahlen. Etwas später sollte ich doch zehn oder möglichst fünf, aber doch mindestens einen Dollar zahlen. Meine Abholung zahlte ihm nichts, das trug ihnen einen strafenden Blick des Helfers ein.

Lagos war, wie jede andere Großstadt in Afrika, gesichtslos modern, nur mit mehr Verkehr. Die Straße, in der das Büro lag, war mit eigenen Privatpolizisten und Zäunen abgesichert, desgleichen die Wohnquartiere. Sehr martialisch! Und, nach Sonnenuntergang war kein Weißer mehr unterwegs. Auch die sogenannten *„alten Experten"* nicht, also die Nachkommen der früheren Kolonialisten, die hier geboren und aufgewachsen sind.

Das Wetter war sehr angenehm, etwa 30 Grad und eine geringe Luftfeuchtigkeit, so um die 70 Prozent.

Der Verkehr war unberechenbar. Die Fahrt von sechzehn Kilometer vom Büro zur Unterkunft konnte zwischen dreißig Minuten bis zu zwei Stunden dauern. Und das, an verschiedenen Tagen zur selben Tageszeit. Penibel achtete der Fahrer Williams darauf, dass der Sicherungsknopf der Türe auch gedrückt war. Zu oft gab es in der Vergangenheit schon Ärger mit Räubern, die die Türe bei einem Halt aufreissen und die Passagiere beklauten.

In der Unterkunft gab es Deutsches Fernsehen über Satellit mit fünf Programmen. Dies ließ mich glauben, ich wäre in München, nur um die Ecke von zu Hause, und nicht in Afrika.

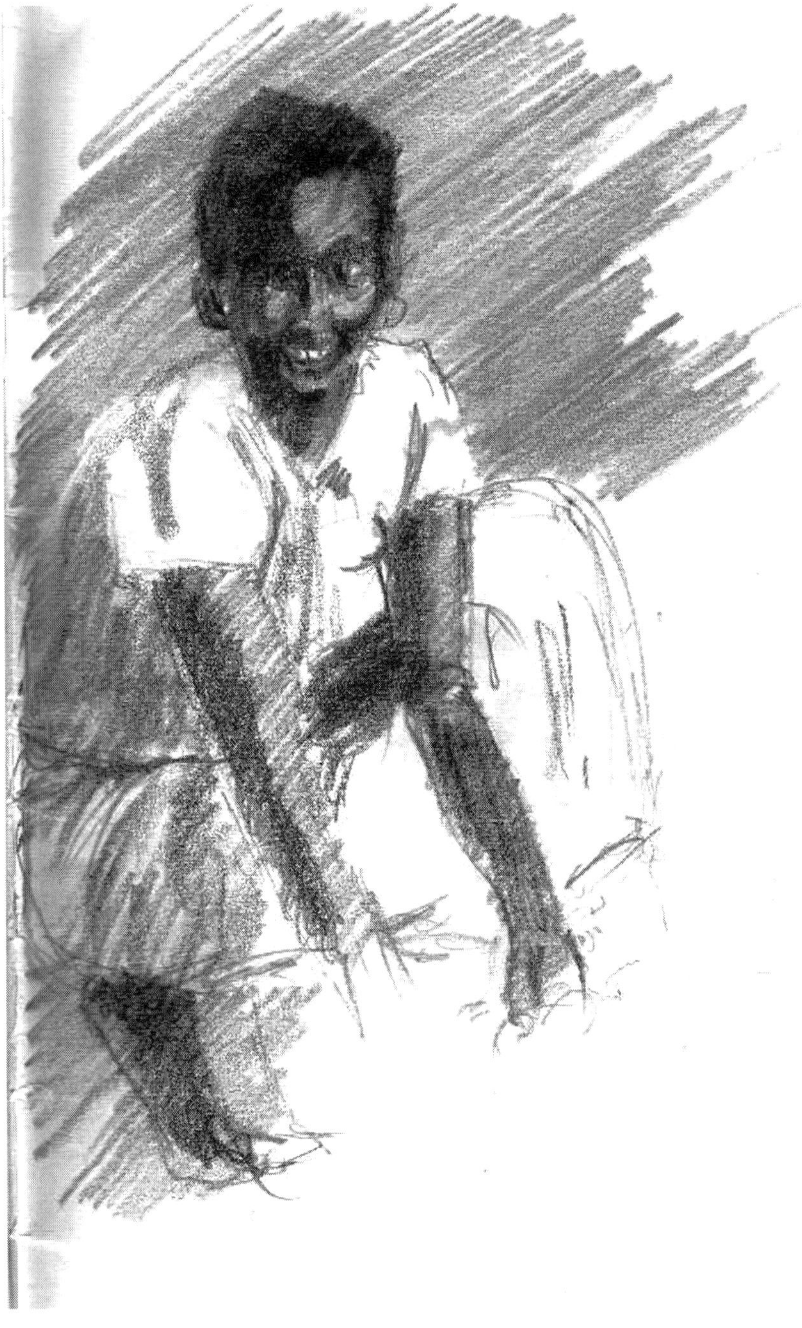

Der dritte Tag, und einige weitere

Gestern haben wir ein *„take away"* von einem, an sich sauberen fast food, sinnigerweise mit Namen *„sweet sensation"*, mitgenommen. Resultat: Der bulgarische Kollege liegt heute flach mit Durchfall und einer Halbwertszeit von acht Minuten. Das reicht nicht für eine Fahrt ins Büro. Damit bin ich vorerst mit den Schwarzen fast alleine. Das ist nicht weiter tragisch, ein älterer Engländer soll mir später - so sagt der Bulgare - mit meinen Aktionen helfen. Er ist extra engagiert, mein Leben hier angenehm zu gestalten. Was ein Aufwand! Ich weiß, und er weiß, dass ich es weiß, dass das nicht stimmt, und darum bleibt es unwidersprochen. Aber als ein Greenhorn, wie der Bulgare mich einschätzt, zeige ich ihm, dass ich dankbar dafür bin.

Bisher bin ich auf eigene Faust noch keinen Schritt gegangen, das war schlichtweg nicht möglich, da ich von sechs Uhr früh bis neun Uhr abends mit Arbeit eingespannt war. Ist wirklich gesund. Früh aufstehen, nix Bier, nix Wein, nix Zigaretten und dann früh schlafen gehen.

Der Bulgare verschlingt Unmengen von rohem Knoblauch, wobei Unmengen wörtlich zu nehmen ist. Zum Abendessen hat er eine Untertasse mit etwa fünfundzwanzig mittelgroßen Zehen neben sich und schnappt sie sich sowohl zum Fleisch, als auch zum Salat - eine nach der anderen. Er erklärt mir, dass Knoblauch zum Desinfizieren und eigentlich gegen jede Art von Krankheit gut sei, nur für die Leber nicht so sehr. Ich verkneife mir die Bemerkung bezüglich seines Durchfalls, er leidet genug.

Am nächsten Tag Morgen bekam ich Papayas, hier „Popo" genannt. Auf Anfrage wurde mir mitgeteilt, das sei kein Ausdruck einer lokalen Sprache oder etwa gar Dialekt, sondern das ist Englisch... Die Früchte sind riesig. Eine Popo reicht leicht für drei Menüs.

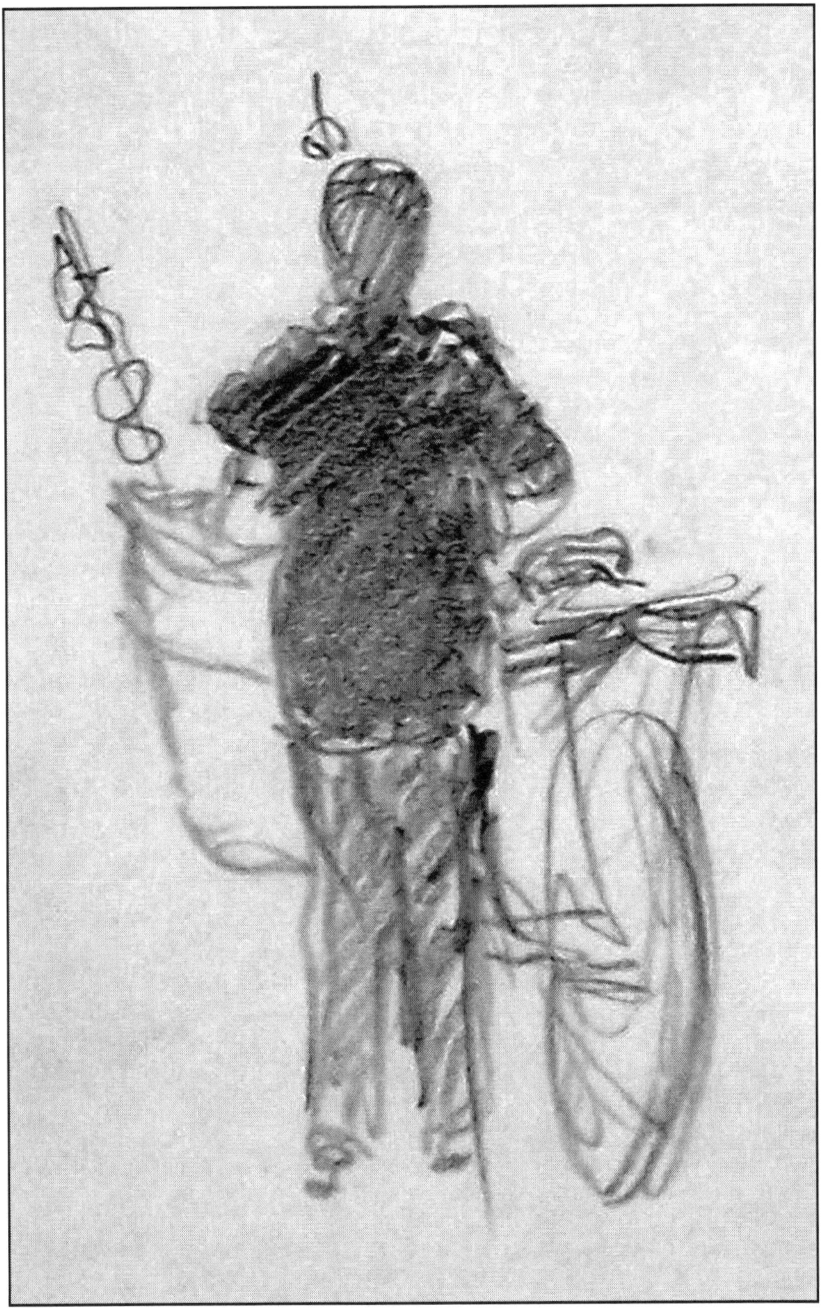

Für Wasser gilt noch immer die alte Regel aus den siebziger Jahren. Zehn Minuten kochen und dann filtern. Vielleicht ist das aber nur, weil die Boys nichts zu tun haben, oder weil das früher so war, denn das Wasser aus der Leitung soll OK sein. Später bekam ich diesbezüglich Zweifel.

Ich bin in einem Distrikt untergebracht, der eingezäunt ist, mit eigenem Restaurant, Tennisplatz und anderer Unterhaltung. Das Areal ist mit Villen bebaut, teilweise mit drei Stockwerken. Es ist ein kleiner Stadtteil mit schätzungsweise hundert Häusern. Im Restaurant steht am Eingang: *„Young ladies alone are not allowed to enter"*, aber es waren genug *„young ladies"* dort. Unter dem Eindruck, dass, nach lokalen Angaben in den Zeitungen, bis zu einer Million Kinder mit Aids geboren werden, bin ich erstaunt, dass die hiesigen Deutschen unbeeindruckt mit den Weibern herumhuren. Sie sind wohl der Meinung, dass das Eine mit dem Anderen nichts zu tun hat. Das stand ja auch nicht in der Zeitung, dass in der relevanten Altersgruppe jeder Zweite Aids hat.

Schrott, alte, halb ausgeschlachtete Autos und Müll säumen die Schnellstraßen. Wenn die Müllberge zu hoch werden, zündet man sie an. Und das alles überwuchernde Wachstum der Bodendeckerpflanzen, die in Europa Zierpflanzen sind, decken oft den Schrott in kurzer Zeit zu und eine grüne Decke simuliert eine intakte Natur.

Die überall verwendeten großen Einkaufstaschen aus blauweißem Kunststoffgewebe heißen *„Ghana bags"*, weil besonders die Ghanesen sie bei ihren Einkaufstouren nutzen.

Ich möchte in meine E-mails schauen und dafür brauche ich einen Internetzugang. Einer unserer lokalen Angestellten erklärt mir, dass ganz in der Nähe ein Businesscenter ist und dort könne ich surfen. Ich will kein „Businesscenter" ich will ein Internetcafe! Man erklärt mir geduldig, dass Businesscenter ein relativer Begriff sei. Und als solch „relatives" Businesscenter stellt es sich dann auch heraus! Ein Container, an des-

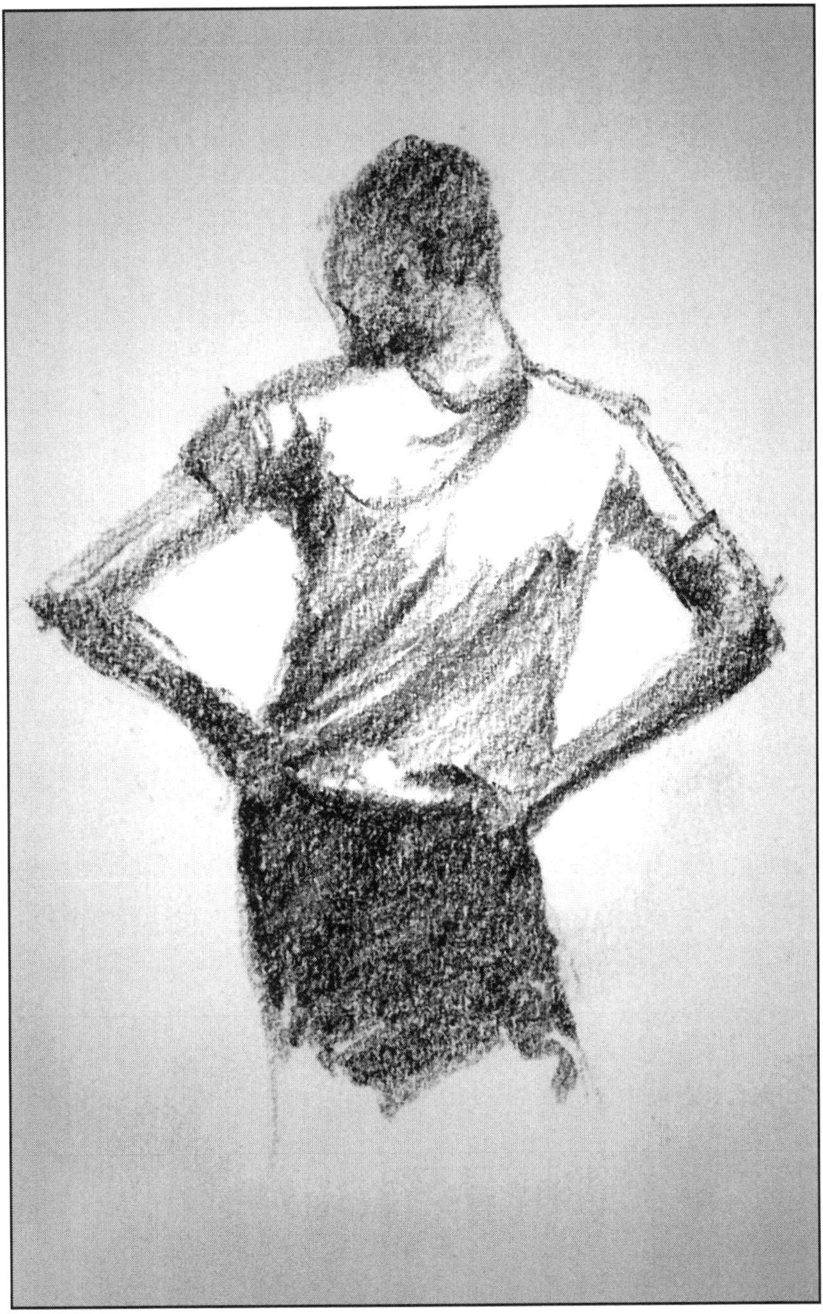

sen Eingang Puffreis gebläht wurde, innen drei Computer, von denen einer einen Internetanschluss hat, an dem eine Expertin herumhampelt. Nach einiger Zeit erlaubt sie mir, dass ich selbst den Computer bedienen darf und ist enthusiastisch freundlich, als ich nach fünf Minuten alles erledigt habe. Ich solle nur bald wieder kommen, das ginge ja so schnell. Aber sie hat doch damit auch nur einen halben Dollar verdient!?

Meine Bitte, mir für den Lunch etwas frisches Obst zu besorgen, möglichst gemischt, hat man erfüllt. Eine Dose importierten Obstsalat!

Der Fahrer ist verschollen. Er sollte bei der Bank Geld holen und dann in die Stadt fahren, um davon etwas abzugeben. Das wäre bis zwei Uhr nachmittags zu erledigen gewesen, und nun ist es Drei und Williams ist noch nicht hier. Alle nehmen es gelassen, nur unser bulgarischer Kollege rastet fast aus. Vielleicht macht Williams Taxiservice, aber soll man in den Tank hineinkriechen, um zu sehen, ob er womöglich Benzin stiehlt?! Besonders der Engländer, der schon über dreißig Jahre hier in diesem Land herumhängt, reagiert mit völligem Unverständnis auf die Aufregung.

Das „Onikan-Museum" soll ausgesprochen sehenswert sein. Wahrscheinlich für afrikanische Verhältnisse. Es werden dort tatsächlich Masken, Waffen und auch einige Kultgegenstände ausgestellt, aber für ein Museum enttäuschend wenige.

Als ich in die dortige Exhibition hall hinein will, kommt ein Typ daher, der mir erzählt, dass die geschlossen ist. Wir kommen ins Reden über die Nutzung und irgendwie dann auch auf die Konditionen. Und wenn ich was auszustellen hätte, dann könne er usw.... Jedenfalls kostet dieser Ausstellungsraum ungefähr neunzig Dollar die Woche und das Museum würde auch die Einladungen machen, und es käme im Fernsehen und in der Zeitung und bevor er mir erzählt, dass man damit berühmt wird, schließe ich doch lieber das Gespräch. Er gibt mir für alle Fälle seine Adresse und ich darf gehen.

DAKAKARI FUNERARY POTTERY

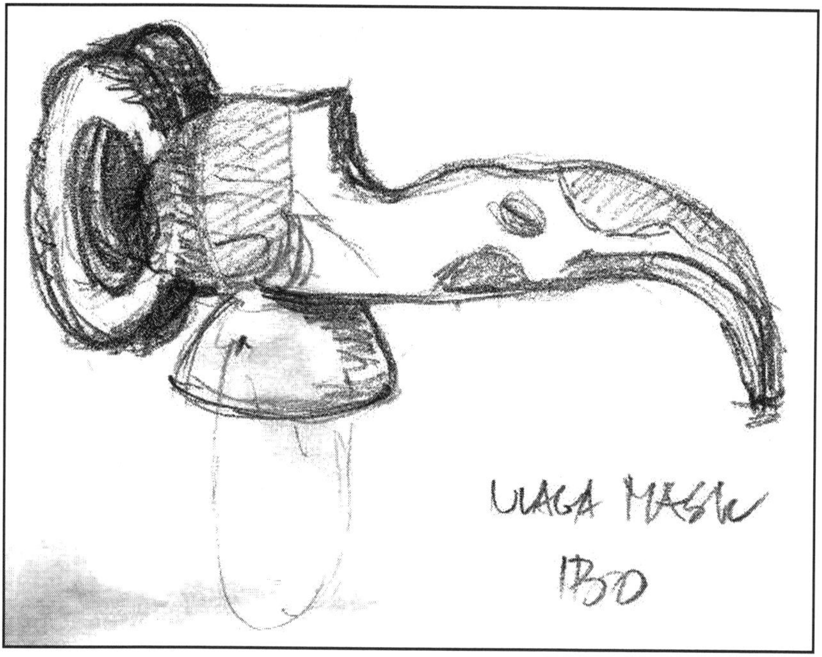
ULAGA MASK
1850

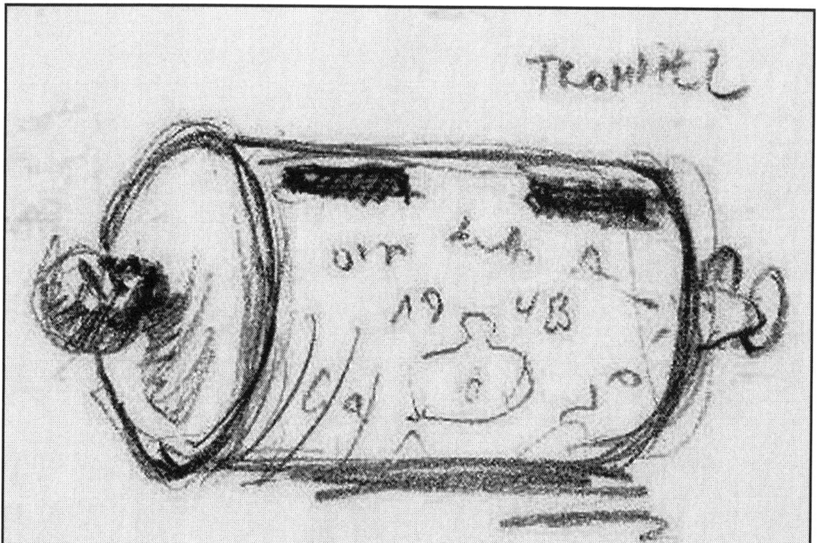
TROMMEL

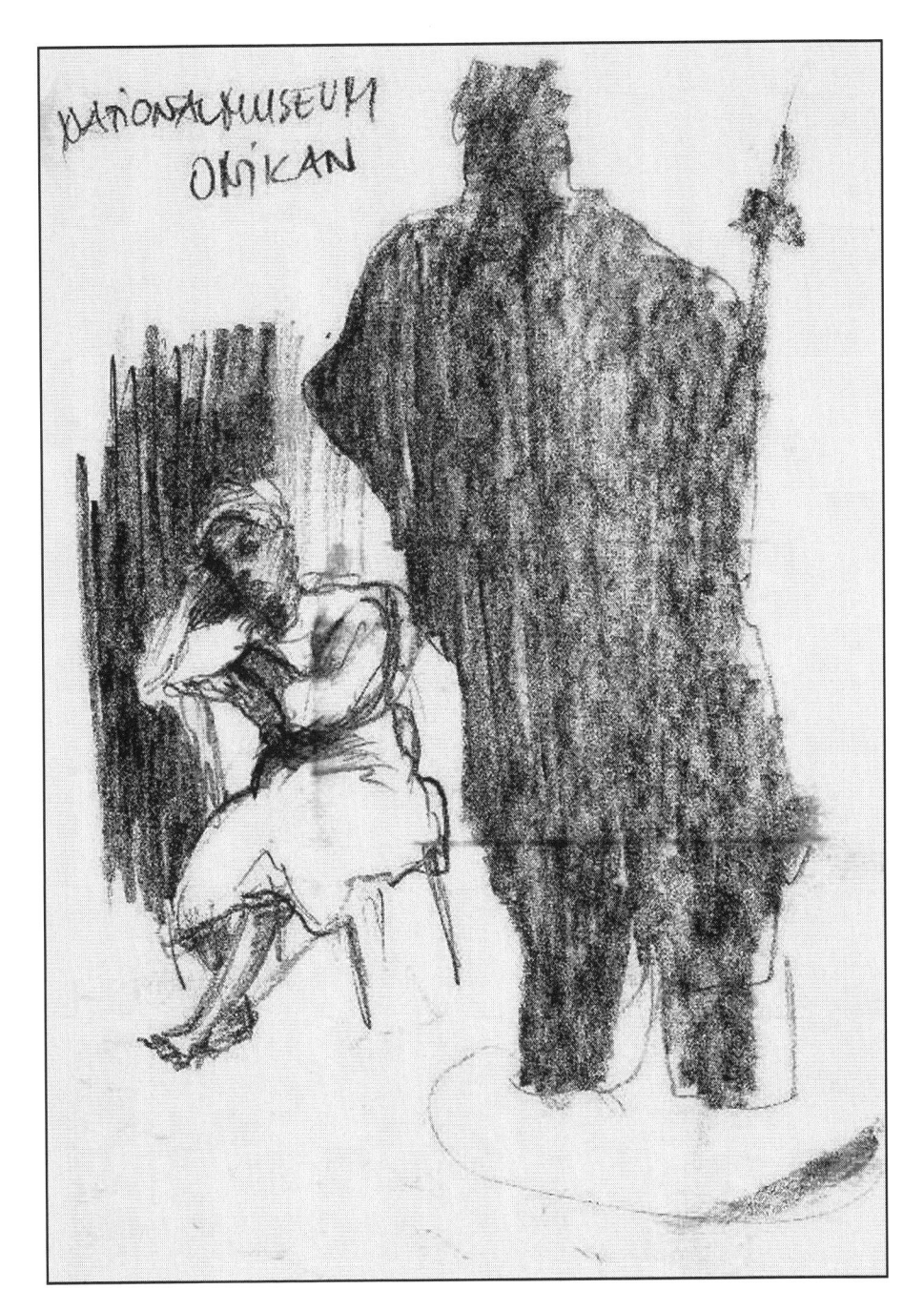

Gegenüber ist der Kunsthandwerkermarkt angelegt. Der ist weitgehend aufgelassen, nur einige Schnitzer fertigen Frontreliefs für Betten an. Im angrenzenden Pavillon allerdings ist eine Party im Gange. Das Empfangskomitee lädt mich ein hinein zu kommen. Es kostet auch „nur" drei Dollar Eintritt und das ist doch für einen Weißen schier gar nichts. Drinnen sind nur wenige Gäste, ich der einzige Weiße. Es gibt eine Tanzvorführung und die ist durchaus sehenswert. Zwei Frauen und drei Männer in adaptierter traditioneller Kluft und Bastgürtel mit Schellen, Wadenwärmer und bunte Perlenketten hüpfen zu schweißtreibender Trommelmusik auf dem Betonboden. Ich skizziere. Dazwischen hält noch ein Halb-Prominenter eine Empfangsrede, in der er sich entschuldigt, dass erst so wenig Eingeladene erschienen sind, obwohl doch der Beginn schon um zehn Uhr vormittags war und es jetzt bald zwei Uhr nachmittags.

Und dann erklärt er auch noch den Sinn dieser Zusammenkunft. Und nach dieser Erklärung bin ich sicher, hier absolut richtig zu sein. Es geht darum, dass die Nigerianer nicht nur das Service für die Reichen sein sollen, sondern teilhaben sollen am Leben, nicht nur Putzfrau und Autoputzer, nein, ausgebildet sollen sie werden. Ich gehe, nachdem nicht mehr getanzt wird und ich damit auch nichts mehr zeichnen kann, außer vielleicht Besucher, aber das wollen die sicher nicht. Die nun eintreffenden Delegationen kirchlicher Institutionen oder Gemeinden sind einheitlich kostümiert. Die Frauen in Pink oder Türkis mit Rüschchenblusen, die Männer mit schwarzer Hose, weißen Hemd mit schwarzer Weste wie Trachtenvereine.

Als ich draußen bin läuft mir noch ein in einem langen blauen Gewand gekleideter etwa Dreißigjähriger nach und meint, er hätte mich Zeichnen gesehen und er wäre auch Künstler und er gibt mir seine Karte und lädt mich ein in sein Atelier. Aber für heute wäre er auf diesem Fest.

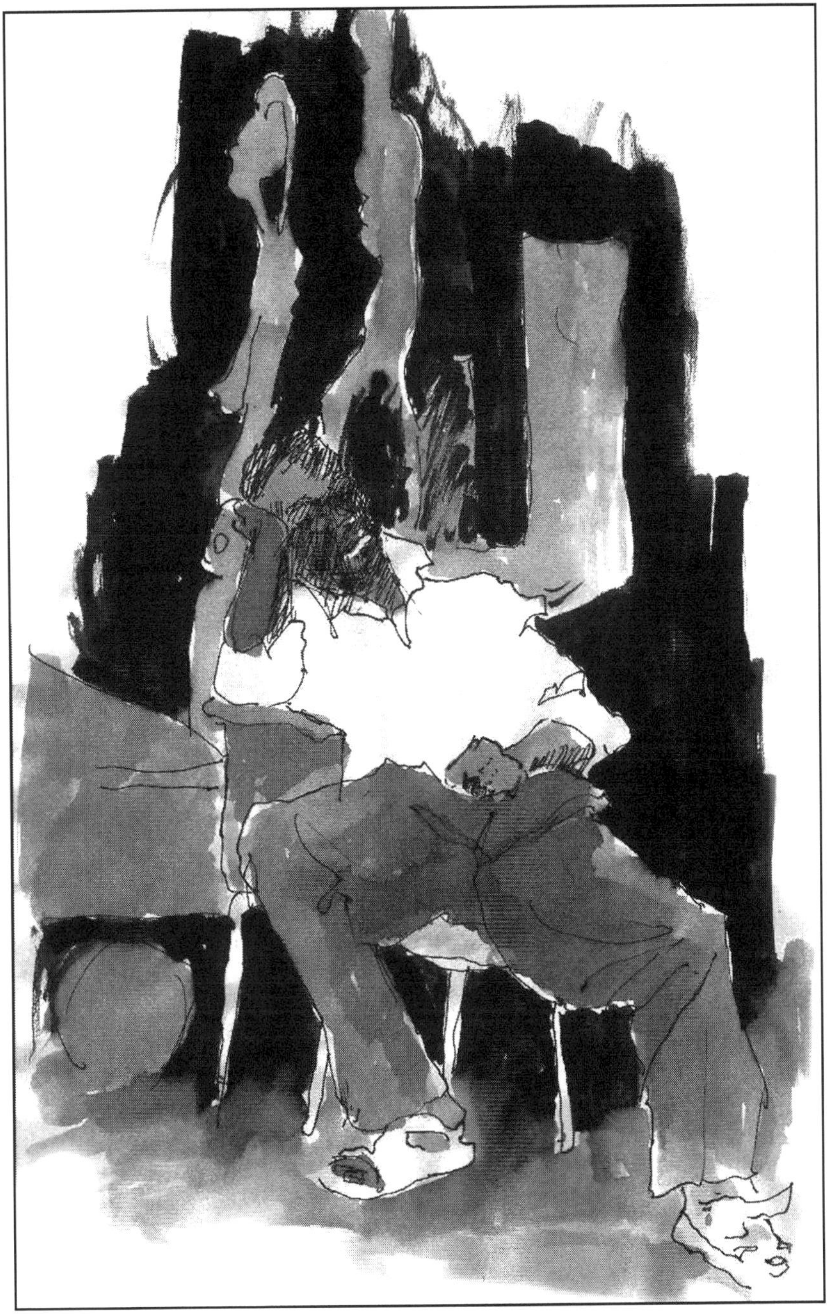

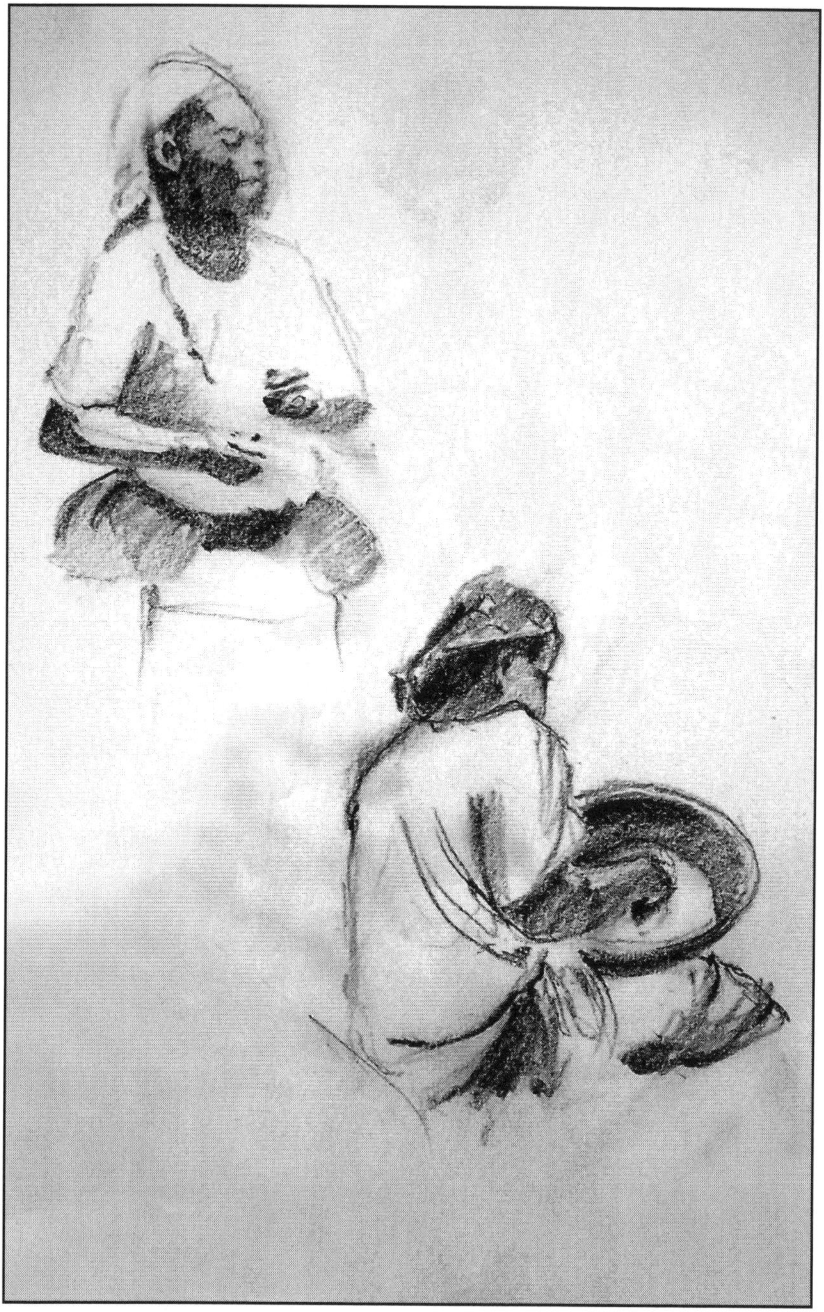

DIE ANSPRACHE
ONIKAN

Eigentlich wollte ich auf einen Markt, wo es auch Masken zu kaufen gibt. Gestern wusste Williams, wo es welche gibt und dass er die wesentlich billiger bekommt als ein Weißer. Heute gibt es nur mehr den Markt neben dem „Meridien Hotel", sagt Williams. Das ist ein reines Touristengeschäft und die Masken dort sind entsprechend teuer. Ein erstes Preisangebot für traditionelle Masken sind dreißig bis vierzig Dollar. Ich fange gar nicht erst zu handeln an - es ist nichts dabei, was besonders ist. Eine fünfzehn Zentimeter große nette geschnitzte Figur aus Kokosschale, eine Frau, die am Computer sitzt, möchte ich haben, nur als kleinen Gag. Verlangter Preis ist zehn Dollar. Letztlich kaufe ich den Kitsch für drei Dollar. Williams meint, auf nochmalige Nachfrage, ob es denn nicht doch irgendwo einen Markt gäbe, wo die Einheimischen solche Sachen kaufen. *„Wir kaufen so etwas nicht"!* Das ist überzeugend!

Gestern wusste Williams auch noch, wo man dieses typisch afrikanische Kinderspielzeug kaufen kann, aus Draht gefertigte Autos, Motorräder und Ähnliches, das die Kinder an einem Führungsdraht die Straße entlang schieben. Heute wusste er es nicht mehr. Was ist passiert? Hatte er ein Trinkgeld erwartet? *„We will find out!"*

Der Strand von Victoria Island, „Bar Beach" genannt, ist ein langer hübscher Sandstrand mit großen Strohdächern als Sonnenschutz. Laut Auskunft im Büro sollte man nicht ins Wasser gehen, weil es sehr verschmutzt wäre. Williams antwortet auf meine diesbezügliche Frage nach der Qualität des Wassers: *„Very clear!"*. - Und Häuser im Kolonialstil soll es auf Victoria Island auch keine geben. Vielleicht ist morgen ein besserer Tag und Williams fällt wieder mehr ein.

Am Balogun Market fahren wir vorbei, Williams hat mich gewarnt, *„very rough"*, ich habe eine Besichtigung für morgen angedroht.

Eine große Papaya gekauft, der Händler wollte zweieinhalb Dollar und ich handelte ihn auf eineinhalb herunter. Irgendwie wollte ich nicht einen armen Kerl völlig ausziehen. Er sollte sein Geschäft machen! Aber es interessierte mich doch, wieviel ich zuviel bezahlt hatte. Die Einheimischen zahlen einen halben Dollar. Was eine Freude für unsere Alte in der Büroküche zu hören, dass ich so viel mehr wie sie gezahlt hatte!

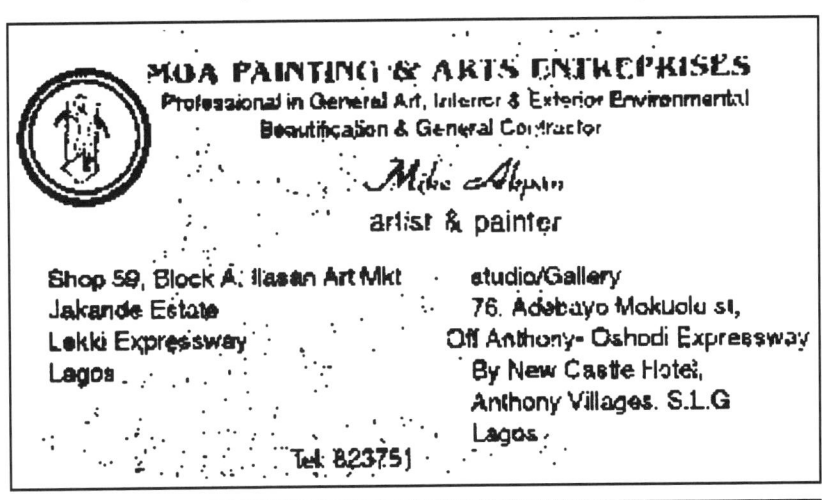

MOA PAINTING & ARTS ENTREPRISES
Professional in General Art, Interior & Exterior Environmental
Beautification & General Contractor

Mike Alpsin

artist & painter

Shop 59, Block A, Ilasan Art Mkt
Jakande Estate
Lekki Expressway
Lagos

studio/Gallery
76. Adebayo Mokuolu st,
Off Anthony- Oshodi Expressway
By New Castle Hotel,
Anthony Villages. S.L.G
Lagos

Tel: 823751

Bei einem Spaziergang um das Viertel, in dem das Büro liegt, war ich doch von dem Dreck unmittelbar beeindruckt. Vom Auto aus ist das zwar auch wüst anzusehen, es fehlen der Geruch und der weiche Grund, der durch die Schuhsohlen ein schier würgendes Gefühl vermittelt. Wo immer der Asphaltbelag schadhaft ist, scheinen sich die Belastungen zu konzentrieren. Die Schlaglöcher werden tiefer und jedes Auto gräbt das Loch weiter, bis zur scheinbaren Unbefahrbarkeit. Und am Straßenrand verkaufen die Händler in ihren Büdchen oder besser, von ihren wackligen Tischen, alles war denkbar ist.

Ich sehe das Schild *„Here Electrical Store"* mit dem Angebot einer einzigen Kabelrolle. Auf einer Türe zum Grundstück einer Villa steht *„Urinal not allowed. By Order"*. Wahrscheinlich ist überall sonst das Hinpinkeln erlaubt, *„by order"*!

In den offenen Abwasserkanälen picken die langbeinigen Hennen. - Erstaunlich ist die große Anzahl von Lastwagen aus Deutschland oder Holland, auf denen noch die Originalaufschriften Reklame fahren: *„Klasen, Großmarkt Köln"* bringt wohl keine zusätzlichen Kunden. Auch der *„Holländische Blumenmarkt"* wirkt etwas verloren.

Nonnen, in ihrer komplett weißen Tracht, klettern über die Mittelabsperrung der Autobahn. Was für ein Bild! Wenn sie anschließend mit wehenden Gewändern über die Fahrbahn spurten, gejagt von den wild hupenden Autos, die nicht im Geringsten die Geschwindigkeit verringern. Aber alle kennen die Spielregeln und darum ist besondere Rücksicht scheinbar nicht notwendig.

Am Sonntag endlich steht Sightseeing auf dem Programm. Aber William weiß nicht wohin und der Bulgare auch nicht. Damit helfen nur die Notizen von mir. Zuerst zum Nationalmuseum. Sieht ungefähr so aus wie die Berliner Auster, die vor Jahren eingestürzt ist. Sie ist von den Bulgaren gebaut. Mein bulgarischer Kollege ist unglaublich stolz darauf.

NATIONAL MUSEUM / THEATER

Alles geschlossen. Gegenüber ist ein Handwerkszentrum. Auch geschlossen. Aber mit Mühe kommen Baltov und ich ins Nationalmuseum für Moderne Kunst. Da der Strom seit einer Woche weg ist, können wir nur eine Etage besichtigen. Viel Flughafenkunst aber dazwischen einige schöne Bilder. Die Skulpturen stellen vorwiegend Politiker, Militärs oder Stammeshäuptlinge dar. Mindestens lebensgroß.

Wieder draußen, in einem offenen Künstlerschuppen, spricht mich ein Künstler an und mit ihm dürfen wir dann auch in das Handwerkszentrum hinein. Es gibt nichts Ungewöhnliches. Mein Bulgare kauft einen hölzernen Aschenbecher für zehn Dollar und ich bekomme die Adresse des Künstlers. Eigentlich wollte ich die nicht, aber der Künstler wollte es:

Miyi Fakeye,
Ama Onaboly work shop,
National Theater,
5th Generation of Yoruba wood carva

Im nahen Freiluftrestaurant muss mein Kollege eine Fischsuppe probieren. Mir ist das zu riskant, wegen des verwendeten Wassers. Ich vermute, es ist aus der Lagune. Ich erwähne das, daraufhin ordert er den Fisch ohne Suppe!

Ich zeichne inzwischen eine Alte, die anschließend, als ich es ihr zeige, einen Riesenspaß hat.

Und dann zum Strand. - Eigentlich wollte ich zum Maryagun Beach, aber den kannte Williams nicht. Wir fahren zum Lekki Beach, mit Eintritt und Führer. Letztlich stellt sich heraus, das ist der Maryagun Beach, er heißt jetzt nur anders. Die Wellen sind extrem, nichts zum Schwimmen. Aber weil wir schon hier sind und der Bulgare noch nie im Meer geschwommen ist, will er hinein. Die Wellen hauen ihn auf den Arsch, die Schwarzen johlen, die Attraktion ist willkommen. Und weil er auch noch nie geritten ist, hievt ihn einer der vielen

Am
National
Theater
Museum

Pferdevermieter für eine Runde auf einen geduldigen Gaul. Er macht wohl das Geschäft des Tages, denn B. will nach einer Fünfzigmeterrunde wieder auf festen Boden. Mit Mühe und Dank vollem Einsatz des Vermieters gelingt dies ohne Verletzung. Kostet einen Dollar - für den Preis reitet ein Nigerianer einen halben Tag.

Am Strand liegt ein gestrandetes Schiff, jetzt ein auseinander gerissenes Wrack.

Ein Schwarzer mit Familie fragt mich, ob ich mit ihm auf ein Foto möchte. Aber gerne, wenn er das will! Was freut er sich! Besonders dann, als ich ihm die Hand zum Abschied gebe mit Klatschen, oben fassen, unten fassen. *„Habt ihr das gesehen!"* triumphiert er zu seiner Familie.

Ein fliegender Händler bietet geschnitzte naive Figuren an und weil die nur halb soviel kosten wie die, die ich in der Stadt gekauft habe, muss ich noch zwei erhandeln. Eineinhalb Dollar für ein handgemachtes Ensemble ist einfach zu verlockend.

Nach ein bisschen Skizzieren fahren wir weiter zu einem alten Kolonialkomplex, den ich von der Schnellstraße aus gesehen habe. Es stellt sich heraus, es ist das Schifffahrtsministerium, und ein Eintritt ist nicht erlaubt. Nach ein paar Scherzchen mache ich mit den Wachen dann doch. Aber nicht fotografieren!

Das Ministerium soll 1820 von den Engländern gebaut worden sein und ist in einem Karree angeordnet, mit früheren kleinen Geschäften oder Lagern an den Seiten und einem zweistöckigen Fachwerkbau an der Stirnseite und mit Galerie. Obwohl B. wiederholt behauptet, dass das ein früheres Kloster sei, stellt sich das Kreuz auf dem Turm als Nord-Süd-Ost-West-Kreuz heraus, und damit bleibt es eine Handelsniederlassung.

Am nächsten Tag tobt gegen Morgen ein eindrucksvolles Gewitter. Nahe Blitze mit entsprechend lautem Donner in rascher Folge von unter einer Minute, über zwei Stunden lang. Als der Fahrer mit einer halben Stunde Verspätung eintrifft - er

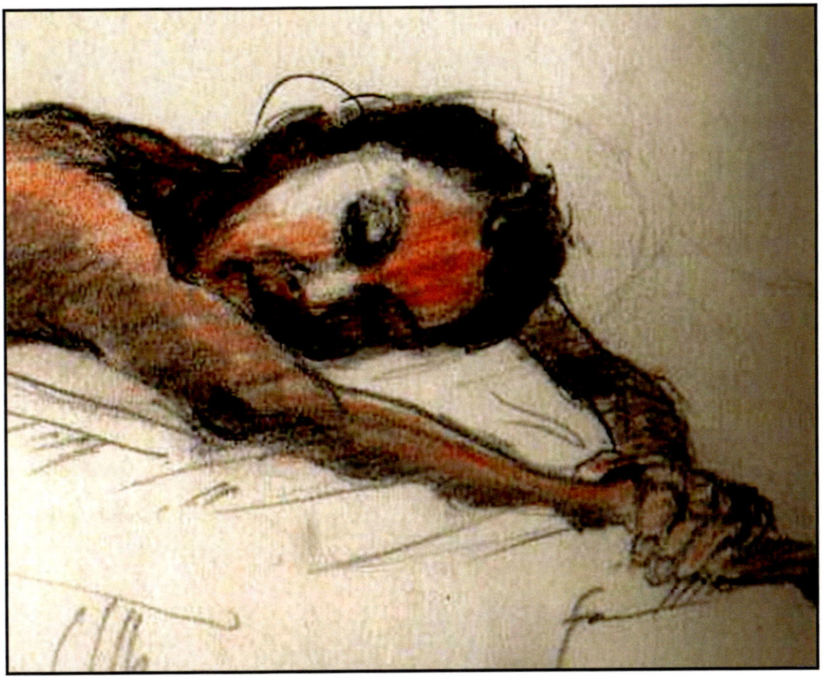

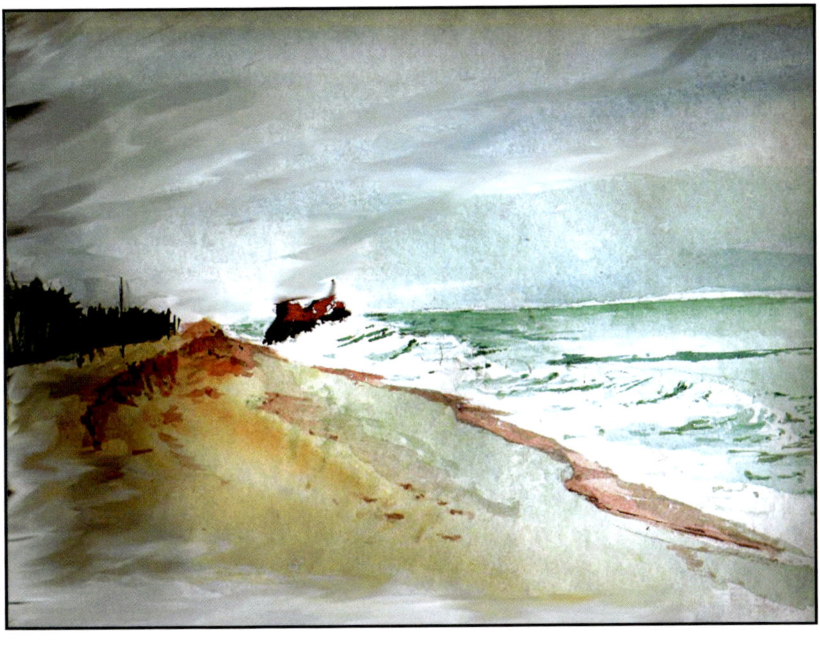

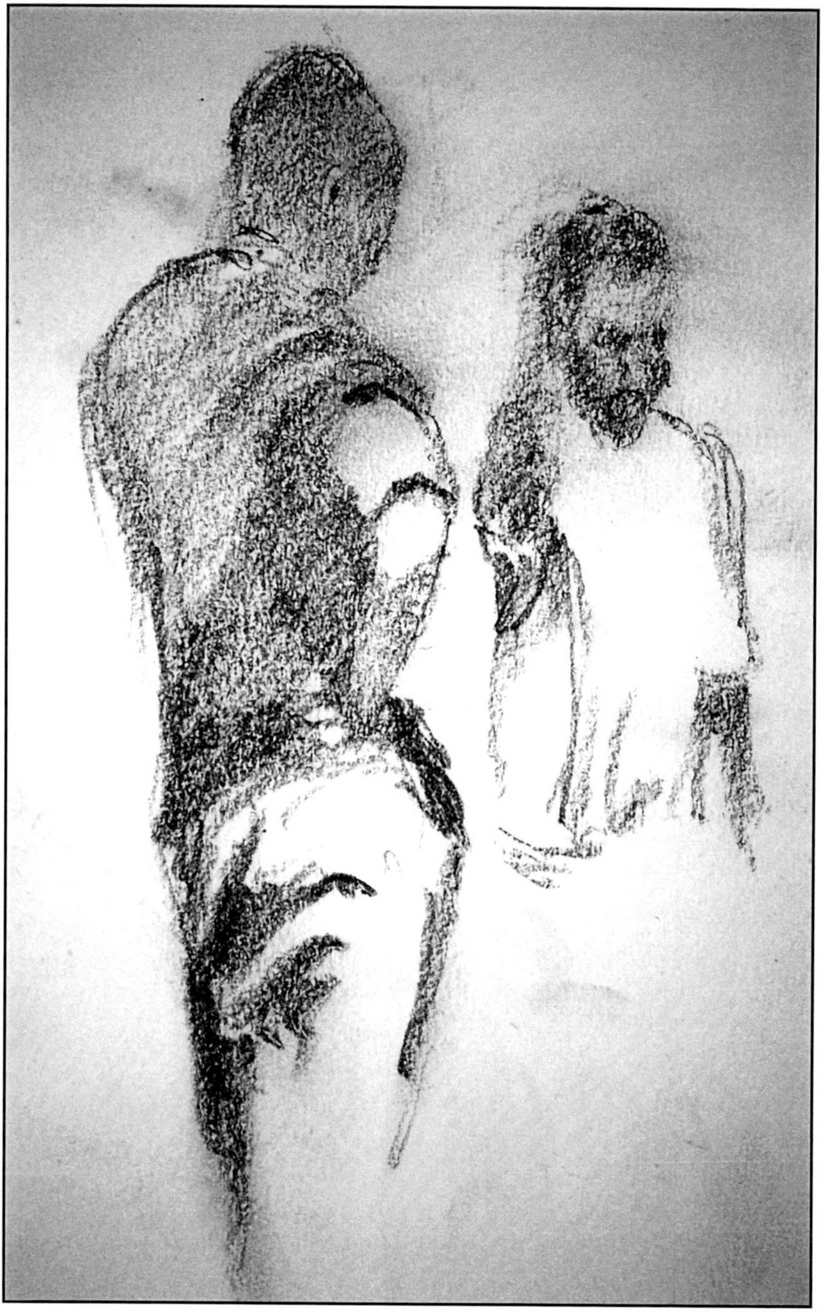

muss das Auto auf unserem Hof über Nacht stehen lassen, um Diebstahl oder Fremdnutzung zu verhindern - springt die Karre nicht an. Mein Glaube an die Unfähigkeit des Fahrers, eine Reparatur zustande zu bringen, wird gründlich erschüttert. Nach ein paar Minuten hat er den Verteiler getrocknet und wir starten. Über meinen Spruch, dass bei diesem starken Regen alle Menschen dreckig und alle Viecher sauber werden würden, konnten sich Williams köstlich amüsieren, aber nur bis wir zur Schnellstraße einbogen. Dort verging ihm und besonders uns Passagieren das Lachen. Das Wasser stand über einen halben Meter tief auf der Straße und einige Autos waren bereits mit abgesoffenem Motor stecken geblieben. Wir schafften es mit Zittern und einer beeindruckenden Bugwelle durchzukommen.

Auf dem Markt für Polstermöbel triefen die Sofas im Regen keinem Käufer entgegen. Obwohl es fast jeden Tag regnet, scheint dieses Naturereignis immer wieder zu überraschen.

Godwin, der Steward im Appartement, erzählt mir ein bischen aus seinem Leben. Er kam zur Firma durch seinen Bruder. Der war Steward beim Niederlassungsleiter der Firma in Lagos, und als man jemanden suchte für das Appartement, empfahl er ihn. Ein Jahr später starb der Bruder während eines Genesungsaufenthaltes in seinem Dorf. Er war sechzig Jahre alt, oder bald siebzig? So genau wusste es Godwin nicht. Er selbst hat in unserem Camp ein Zimmer und in der Nähe noch eine kleine Wohnung gemietet. Dort ist seine Familie, wenn sie ihn einmal die Woche besucht. Da werden wohl nicht alle seiner sieben Kinder mit dabei sein! Sein Wohnort ist etwas über siebzig Kilometer entfernt und er stammt aus dem Osten, tausende Kilometer entfernt, wie er sagt, aus dem früheren Biaffra-Gebiet.

Wie früher in Mitteleuropa, vielleicht vor fünfzig oder sechzig Jahren, werden hier noch immer Eisblöcke zur Kühlung der Lebensmittel in den Haushalten ohne Stromanschluss oder ohne Kühlschrank verkauft, die wohl bei diesen Temperaturen im Nu wegschmelzen müssen.

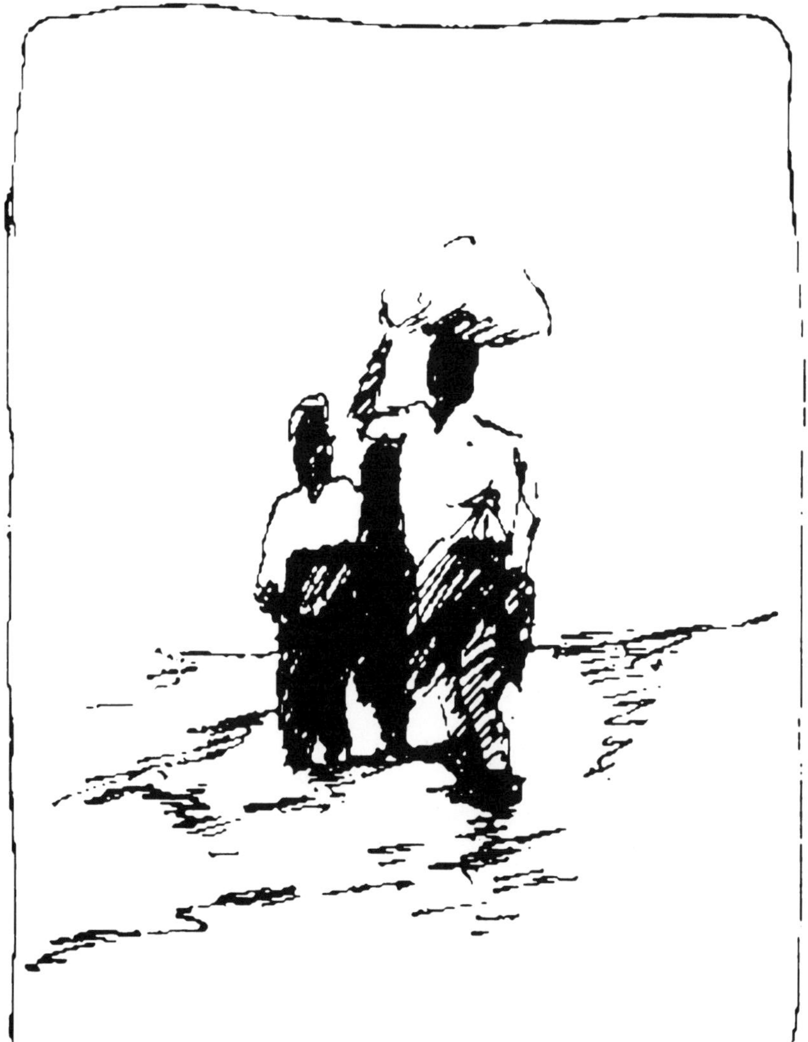

BEACH (AND) → APAPA HABOUR

In der Lagune von Lagos schwimmen Baumflöße in enormem Ausmaß. Schätzungsweise zwei auf drei Kilometer. Sie warten auf die Verarbeitung zu Holzkohle auf dem Festland, wobei nicht festzustellen ist, wo das Festland beginnt oder endet. Hütten auf Pfählen und Slumbehausungen gehen ineinander über, und wo verarbeitet wird und wo gewohnt wird, ist nicht zu unterscheiden. Qualmende lang gestreckte Hügel im Ausmaß von zwanzig auf vierzig Metern und einer Höhe von sechs oder acht Metern qualmen dort, wo das Holz verköhlert wird.

Das Chaos ist nach dem Regen wohl wegen des Schulbeginns besonders drastisch und die Eingeborenen rechnen mit einer Beruhigung der Straßensituation erst in einer Woche.

Obwohl Williams versicherte, dass ein Töpfermarkt nicht existiert - ich habe doch einen gefunden, nur so im Vorüberfahren. Aber im Handeln bin ich noch nicht so firm und es scheint mir so, daß ich immer noch viel zu viel bezahle. Aber langsam nähere ich mich dem richtigen Niveau. Siebzig Prozent Reduzierung ist zu wenig, aber ich habe Skrupel mit zehn Prozent des angegebenen Preises zu beginnen. Und damit ist die Luft schon zu Beginn draußen. Wenn ich dann endlich soweit sein werde, einen Preis wie die Einheimischen zu erhandeln, werde ich meinen Bedarf gedeckt haben! Nicht besonders ärgerlich, jedoch spannend.

Sinnlos, das Verkehrschaos beschreiben zu wollen. Das Hupsystem braucht etwas Gewöhnung. Vielleicht hängt das auch mit der früheren Buschtrommel zusammen. Die Schwarzen - es gibt sowieso keinen Weißen der ein Auto fährt - kommunizieren förmlich mit der Hupe. Lange Hupe, kurze, mehrmals hintereinander, und manchmal mit Antwort. Alles sehr undurchsichtig. Aber es funktioniert ohne größeren Streit.

Wie auch am Strand, als zwischen den Pferdevermietern ein lautstarker Streit ausbrach und es für mich nach einer unmittelbar bevorstehenden Schlägerei aussah. Und dann trennten sich die Streithähne friedlich mit einer noch nie zuvor gesehenen Geste. Sie hakten die kleinen Finger der rechten Hand ineinander, und das war wohl als eine grundsätzliche Versöhnung zu verstehen.

Im Straßenverkehr geht es irre aggressiv zu, man klopft auf die Karosse des Anderen, um ihm zu zeigen, dass er schon zu nahe ist. Aber wenn Blickkontakt hergestellt ist und der Arm aus dem Fenster in die Höhe gestreckt wird, dann gewährt der andere Fahrer mit einem Nicken die Vorfahrt. Doch damit sei genug über den Verkehr gesagt, man könnte ewig darüber erzählen, denn jede Fahrt hat ihre Abenteuer.

Eine kleine Episode war auch der Kauf von Postkarten. Es fing an, dass in der Umgebung des Kaufzentrums, wo Postkarten vielleicht zu haben wären, eine Baustelle auch den letzten Rest einer Chance für einen Parkplatz platzen ließ. Ich springe aus dem Auto zur von unserer Sekretärin angegeben Stelle, wo Postkarten möglicherweise verkauft werden. Inzwischen soll das Auto im Stau die Einbahnstraße weiter fahren, ich würde es schon wieder finden.

B. war einer Ohnmacht nahe, man könne doch nicht..., und wie wieder finden...., aber ich war schon weg.

Bei einem Laden mit Glückwunschkarten im Inneren eines größeren Gebäudekomplexes, frage ich nach Postkarten, und tatsächlich, aus irgendeiner Schublade fischen sie ein paar alte Exemplare heraus. Mit etwas Handeln kaufe ich welche um den halben Preis, immer noch unverschämt teuer, aber nichts wie schnell zurück auf die Straße um das Auto wieder zu finden.

Das war aber nicht zu sehen, die ganze Straße, mindestens zweihundert Meter hinauf, nichts. Als ich dann durch die Autoschlange wie ein Eingeborener über die Kühlerhauben zurückturne, finde ich unser Auto unvermutet in der Baustelle, nur fünfzig Meter vor dem Eingang zum Einkaufszentrum, aber in der anderen Richtung.

Für solche Aktionen reicht die gemäßigte Temperatur durchaus, um völlig nass geschwitzt zu sein. Schon der Gedanke, meilenweit vom Büro oder einem sonstigen bekannten Ort entfernt zu sein, nicht zu wissen, welche Adresse das Büro hat, keine Telefonnummer und auch sonst nichts dabei zu haben, schon alleine das bringt mich zum Schwitzen. Wie unbedacht, nur mit ein paar Naira in der Tasche, alleine in fremder Umgebung, unterwegs zu sein. Natürlich war es nicht dramatisch, aber es hätte

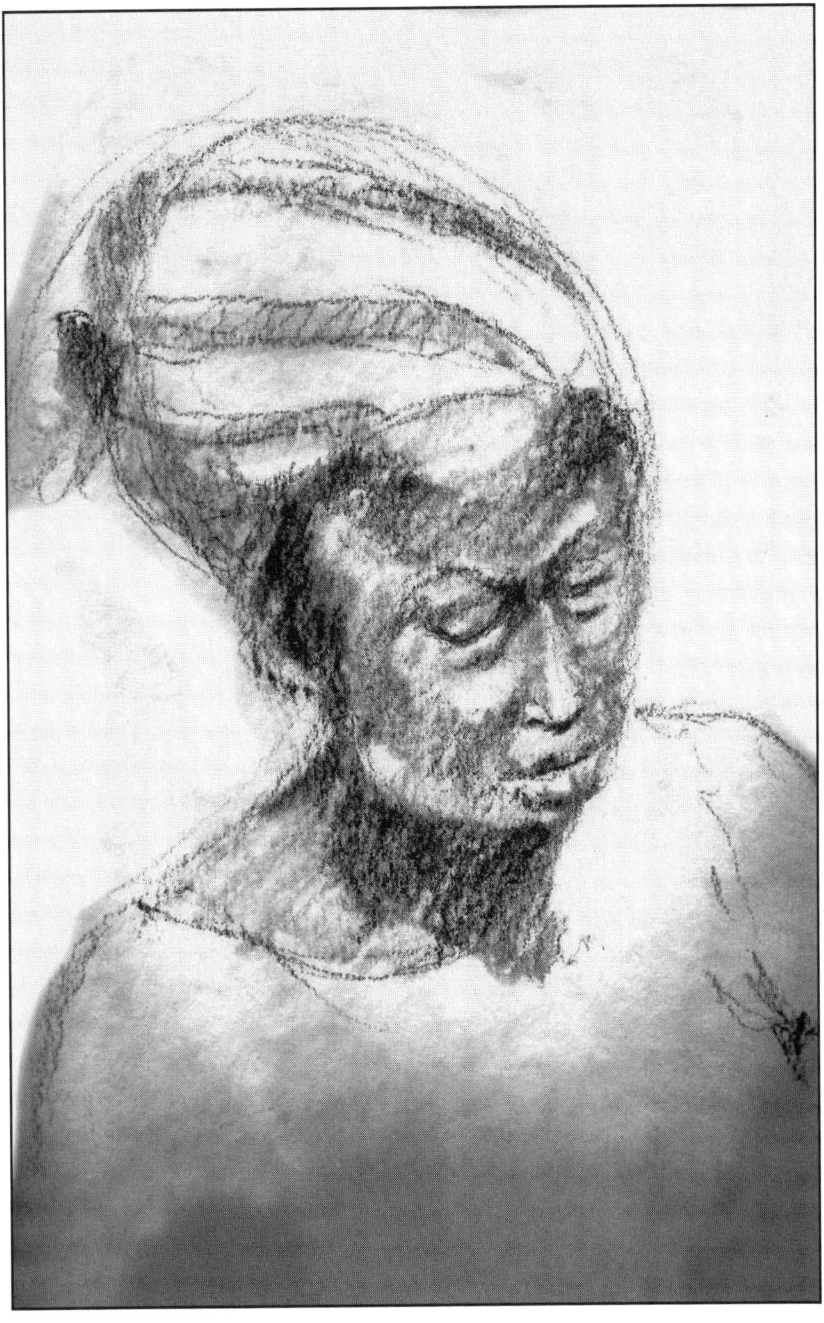

durchaus spannender werden können. - Spannend auch ist den ganzen Tag über, ob das Auto, nachdem es abgestellt wurde, wieder anspringt. Und immer ist Williams nach einiger Zeit mit seinem Schraubenzieher erfolgreich. Ich bin froh, dass er keinen Hammer an Bord hat, ein Schraubenzieher ist beruhigender.

Bei einem Gang durchs Viertel unseres Camps springen durch einen Eisenzaun junge Ziegen, keine dreißig Zentimeter groß. Die dazugehörige Alte ist auch nur einen halben Meter hoch. Es scheint, dass dies eher Zierviecher sind, denn Nutztiere. Von wegen klein, Tauben gibt es hier, die sind nur so groß wie Amseln.

Der Spruch, Geld stinke nicht, stimmt für Nigeria nicht. Ein Bündel Geld - Bündel ist nicht übertrieben, denn hundert Naira sind ungefähr ein Dollar, und es gibt Zwanziger, Fünfziger und Hunderter Noten, so dass schnell eines zusammenkommt - so ein Bündel stinkt mächtig nach all dem, was die einzelnen Scheine mitgemacht haben. Nach Markt und Schmieröl und Schweiß und Urin und was man sonst noch denken mag.

Bei einer Fahrt, als es wieder einmal völlig konfus zuging, meinte ich, dass das ziemlich kopflos sei. B. ist dankbar für dieses Wort, denn dazu fällt ihm eine bulgarische Satire ein.

„Bei einem Jagdausflug gerät einer der Jäger in die Fänge eines Bären und dieser frißt ihn auch gleich. Die anderen Jäger erlegen den Bären und versuchen ihren Kameraden zu retten. Das gelingt ihnen jedoch nur zum Teil, denn der Kopf ist ab. Sie beraten, ob er einen Kopf überhaupt hatte und befragen dazu nachher seine Frau. Sie überlegt und ist sich nicht sicher, jedoch fällt ihr ein, dass er wohl doch einen gehabt hätte, denn letztes Jahr hat er sich eine Mütze gekauft!"

Und weil die Stimmung nicht tiefer sinken konnte, legte ich noch einen nach und gab die alte Story vom Hausneger für unseren nigerianischen Fahrer zum Besten.

„In einer Bar in Deutschland serviert ein Schwarzer Drinks und ein Gast fragt ihn, woher er käme. 'Aus Nigeria', antwortet dieser. Der Gast weiß nicht, wo das liegt und fragt einen an-

deren Gast: 'Wo ist das?' und der meint: 'Weiß ich auch nicht, aber weit weg kann's nicht sein, denn er ist jeden Morgen pünktlich wieder bei der Arbeit!'" - Williams wiegt sich lachend hinter dem Lenkrad und ich bin sicher, ihm keine Scherze mehr während der Fahrt zu erzählen - zu gefährlich!

Soll ich überrascht sein oder nur amüsiert? Als ich im Büro die Kühlschranktüre öffnen will, fällt sie im Ganzen auf den Boden. Sie ist offensichtlich seit langem überhaupt nicht mehr befestigt und mit einem Stein auf dem Boden in der Lage gehalten. Die Kühlleistung ist natürlich entsprechend. Und bei jedem Öffnen muss man die Türe mit dem Stein ausbalancieren, dass sie am Kühlschrank angelehnt bleibt.

Godwin hat ein traditionelles Menü gekocht. Ich hatte ihn wiederholt darum gebeten, mir nicht Steaks und Pommes vorzusetzen. Nun war es soweit, und er war auch recht stolz über das Ergebnis. Tintenfisch mit weißen Bohnen als Eintopf und dazu Planteen. Letztere sind wie große Bananen, nur nicht so süß. Man könne auch Bananen nehmen, nur dürfen sie dann nicht reif sein. Also, grüne Bananen, in etwa ein Zentimeter dicke schräge Scheiben geschnitten, leicht salzen und wie Kartoffeln auf beiden Seiten braten. Sie sehen dann auch wie gebratene Kartoffeln aus, schmecken aber leicht süßlich.

Die Methoden, ein Auto diebstahlsicher zu machen, sind hier sehr individuell. Bei unserem Büroauto ist es ein versteckter Schalter, der so angebracht ist, dass ihn der Fahrer oft selbst nicht findet. Drastischer und wohl auch abschreckender war die Art bei einem Landrover „Defender". Dort war das Lenkrad abgenommen, wahrscheinlich liegt es im Büro des Besitzers auf dem Schreibtisch.

Besonders an den Mülleimern wuseln kleine Drachen herum, ungefähr zwanzig Zentimeter große, grün-orange Eidechsen, mit einer gezackten Halskrause, die auf der Flucht, erschreckt halbe Meter weite Sprünge vorführen.

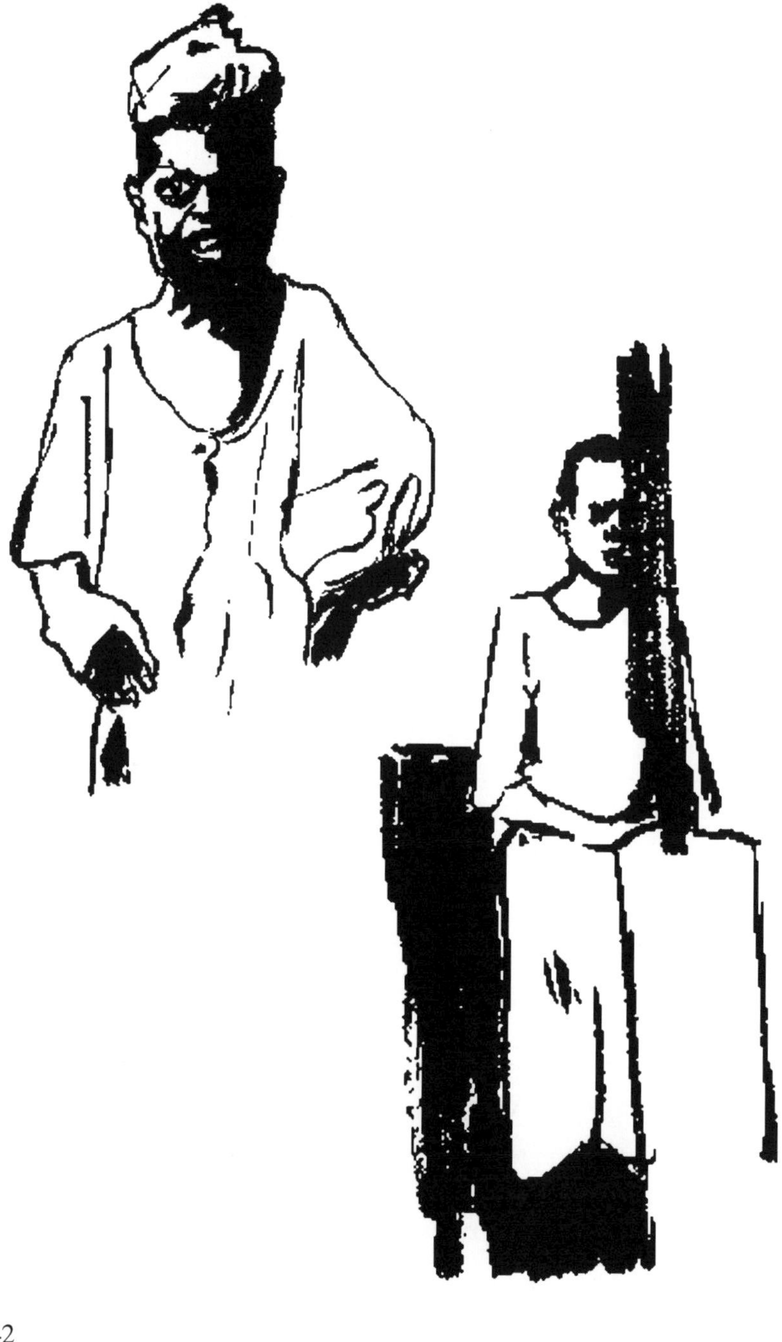

Das Fremde wird normal

Der Ausflug zur neuen Ölverladestation, die statt der völlig desolaten existierenden Station gebaut werden soll, ist durchaus interessant. Jim, ein Ire, der mit seinem unnachahmlichen Slang und seinem rustikalen Auftreten sehr sympathisch wirkt, begleitet mich. Erst zum „Vessel", was ein Schnellboot von zehn Metern ist, und von Paul Aford, dem Manager von B & B organisiert wird. Auch Paul ist Ire und schaut aus, als würde er ein Pint nicht verschmähen. Diese Haudegen sind seit Jahrzehnten in Afrika und Asien unterwegs, die Arme tätowiert, die Stimme von tausenden Zigaretten gebeizt. Und die Einstellung zu den Eingeborenen ist wunderbar - ich bin fasziniert. Mit allen sind sie freundlich und alle Schwarzen mögen sie und grüßen von weitem, aber in Hinsicht auf den Job sind sie völlig illusionslos. *„Wir wundern uns über nichts", tun unseren Scheißjob und fragen nicht ob diese Scheißkonstruktion dieses Scheißöl in diese Scheißschiffe bringt...".* - „Fucking" ist das meistgebrauchte Wort!

Die halbstündige Fahrt mit dem Schiff durch den Hafen ist wie eine Sightseeingtour. Wir weichen den Fischern in ihren Einbäumen aus, es sind hunderte. Es ist ein, wie für eine Filmaufnahme, gestelltes Bild.

Die Besichtigung des alten Jetty, der Ölverladung, ist zumindest eine Erfahrung. Die Frachtschiffe hatten der Einrichtung im Laufe der zwanzig Jahre ihrer Existenz ihre Spuren eingeprägt. Unvorstellbar, wie die Schiffe nach den Kollisionen mit der Betonkonstruktion ausgesehen haben, der meterdicke Beton ist völlig zerstört. Offensichtlich ist Dummheit oder Unvermögen so kreativ, dass es nicht kalkulierbar und mit entsprechenden konstruktiven Maßnahmen nicht zu verhindern ist. Da diese existierende Verladestelle nicht mehr zu nutzten ist, wurde eine temporäre schwimmende Einzelverlademöglichkeit gebaut. Diese ist nunmehr, ungefähr sieben Kilometer entfernt, in Betrieb und schon gibt es neue Probleme. Die Station, eingerichtet für eine festgelegte maximale Kapazität, soll mit fünfzig Prozent höherer Kapazität betrieben werden. Natürlich rotieren die Verantwortlichen, in diesem Fall die deutsche Firma, die für die Errichtung und den reibungslosen Betrieb während eines Jahres einen Vertrag hat. Die ganze Einrichtung soll vier Jahre funktionieren, aber alle erwarten, dass der Krempel Jahrzehnte in Betrieb sein wird.

Der zugehörige Tankyard besteht aus acht Tanks mit einem jeweiligen Fassungsvermögen von zwanzigtausend Kubikmetern. Pech, dass kein einziger Tank funktioniert. Zur Reparatur von einigen ist Material aus den früheren Ostblockländern in Containern auf dem Gelände, seit über vier Jahren gelagert, unberührt. Inzwischen sind einige der Tanks irreparabel verrostet. Und der Neubau von acht neuen Tanks ist gestoppt, weil die Baufirma, nachdem sie einige Maschinen zum Bau installiert hatte, eine hohe Vorauszahlung und eine fünfzigprozentige Erhöhung des Preises verlangte. Man ist seit zwei Jahren vor Gericht, eine Entscheidung nicht in Sicht und der Bau ruht.

Ein uns begleitender philippinischer Ingenieur hat (schon wieder einer!) einen Angehörigen, der direkt an dem Terroranschlag in New York gelitten hat. Seine Tochter - die hätte direkt neben dem World Trade Center gearbeitet und wäre so geschockt gewesen, dass sie von jemandem über der Schulter hängend aus dem Gebäude getragen und damit gerettet wurde. Das Gebäude stürzte kurz danach ein. Irgendwie habe ich den Verdacht, die ganze Welt war dort oder hat zumindest jemanden gekannt, der dort war. Vielleicht gibt es so viel Zufall, aber der war nun schon der Vierte, der seine Frau, seine Tochter, seinen Schwager gerade noch gerettet sah.

Bei der Heimfahrt erzählt Williams, dass am gestrigen Abend Paul auf der Straße überfallen wurde. Er sei aber davon gerannt. - B. fragt: *„Er hat aber seine Tasche mitgenommen?!"* Williams lacht: *„Nein, sonst hätten ihn die Gangster doch niedergeschlagen. Er ist einfach die Straße entlang gerannt, seine Tasche hat er im Auto gelassen!"*

Vor etwa einem halben Jahr wurde Paul schon einmal überfallen und damals ist der Fahrer davon gerannt und ließ ihn im Auto sitzen. Er wurde damals, außer dass er ausgeraubt wurde, auch noch verletzt. Diesmal haben die Räuber den Fahrer mit ihren Macheten bearbeitet.

Dann erzählt Williams noch einige Horrorgeschichten von Überfällen, aber meist auf Weiße, denn von denen muss man annehmen, sie haben Geld. Und meinen Laptop, den legt er vielsagend auf den Boden, damit man ihn von Außen nicht sehen kann. Wir stehen zwei Stunden im Stau, und das wäre besonders gefährlich.

Was ärgere ich mich! Ich möcht um fünf Uhr vom Büro weg, damit wir noch bei Tageslicht nach Hause kommen - warum ein zusätzliches Risiko. Aber mein Kollege muss zehn Stunden im Büro sein, und er kann mit seinem Laptop zu Hause nicht arbeiten, das würde nicht als Arbeitszeit zählen. Darum können wir erst um halb Sechs los, aber um zur selben Zeit hören auch die Polizisten an der kritischen Kreuzung auf mit ihrer Arbeit und der Irrsinn geht los. Alternativ könnten wir auch früher beginnen, um den Zehstundentag entsprechend früher zu beenden. Aber für mich ist sechs Uhr Wecken ausreichend. Was sind wir flexibel!

Dass die Straßenhändler Obst und Erdnüsse anbieten, ist normal. Erstaunlich ist aber, dass sie Schuhe ans Autofenster pressen und Fotoapparate der besseren Qualität. Wer kauft Schuhe ohne zu probieren, nur so im Vorbeifahren, denn parken oder einige Minuten stehen zu bleiben ist nicht möglich. Das Geschäft muss in den wenigen Sekunden zwischen den „Rotphasen" des Polizisten oder während eines kurzen Staus geschehen. Etwas unangenehmer sind die Bettler. Sie sind zwar nicht aufdringlich, hampeln aber vor dem Fenster herum und zeigen ihr Handycap: Hasenschartige Mädchen, die die Vorderzähne bis zur Nase hinauf blecken lassen. Beinamputierte oder halbgelähmte Jungen, die auf Skateboards hockend, sich mit den Händen zwischen den Autos tummeln und die Hände bittend hoch strecken.

Auf einigen der vielen riesigen Reklametafeln lächelt der bei „Schalke 04" spielende Okocha für Pepsi herunter. Von einem anderen Plakat reklamelacht die schwarzhäutige deutsche Sängerin Setlur für ein Mobiltelefon.

Auf den Minibussen sind Parolen mit teilweise absurdem Inhalt geschrieben. Lagos ist mehrheitlich christlich und darum auch die Sprüche *„Jesus is Lord"*, *„The Lord is Good"*, *„God Bless my Master"* oder Ähnliches, aber *„I Carry Holly*

Ghoast" ist etwas mißverständlich und *„This Motor is covered by the Blood of Jesus"* ist too much!

Die Bananen sind, weil nicht besonders hochgezüchtet, wesentlich kleiner als die in Europa angebotenen. Aber der Geschmack ist unvergleichlich, mit einem leichten Zitrus- oder Wildbeereneinschlag. Die wesentlich größeren Planteen sind roh nicht genießbar. Für Kochbananen sind sie allerdings zu groß, oder es ist hier eine besonders große Art zu Hause?

Von wegen Obst! Mangos gibt es nur in der Mangoerntezeit, und die ist derzeit nicht. Aber „Popo" werden das ganze Jahr über reif und werden darum auch ganzjährig angeboten.

Eine Menge Leute, schwarz gekleidet und organisiert, streben einem gemeinsamen Versammlungspunkt zu. Dabei wird sehr rigoros verfahren. Vorbeifahrende Minibusse werden von den wild aussehenden Männern aufgehalten, die Passagiere müssen raus und dann wird der Buss für die Demonstranten requiriert und umgeleitet. Wenn die Polizei diese Leute erwischen würde, kämen alle ins Gefängnis, sagt Williams. Gegen was sie demonstrieren ist nicht zu erfahren. Jedenfalls ist es verboten. Aber die Polizei kann nicht überall sein und hütet sich, in der Nähe dieser Schwarzen zu sein.

Dagegen sind die Sicherheitskräfte an anderen Stellen durchaus präsent. Dort, wo es etwas zu kassieren gibt. Bei Minibuss-Stationen. Nicht direkt dort, aber einige Kreuzungen weiter. Denn wären sie an den Stationen, würden sie von den Wartenden gelyncht werden. Die Polizisten holen aus den Minibussen die Fahrkartenverkäufer. Eigentlich pflücken sie diese herunter, denn die Schaffner hängen meist außerhalb oder halb außerhalb, um keinen Platz für die Passagiere wegzunehmen. Sie heben sie also herunter und zerren sie am Hosenbund hoch haltend auf die Seite, um ihnen Geld abzunehmen. Er muss Geld haben, kassiert er doch das Fahrgeld. Der Bus fährt ohne ihn weiter, nur weg von der Polizei! Wahrscheinlich wartet er irgendwo oder ein anderer Kondukteur wird engagiert.

Der Mangel an speziellem Werkzeug zwingt zu ungewöhnlichen Methoden. Eine davon ist, dass zur Reparatur die Autos von acht oder zehn Leuten vorsichtig auf die Seite gekippt werden, um an die Unterseite leichter ran zu kommen. Dabei sind diese Autos nicht Schrottkisten, sondern durchaus in akzeptabler äußerer Kondition. Aber leichte Lack- und Karosserieschäden sind nicht ein so großes Problem, ist doch der Fahrstil auch nicht gerade karosseriefreundlich. Nach leichten Blechschäden folgt ist ein bisschen Palaver. Aber das Hupen der Nachfolgenden erzwingt eine schnelle Einigung, und die scheint immer ein schuldiges Achselzucken auf der einen und ein verzeihendes Handzeichen von der anderen Seite zu sein.

Auf dem Parkplatz quatscht mich der Wächter an mit der Bemerkung: *„Ich wollte nur sagen, dass meine Frau gerade ein Kind bekommen hat"*. Diese nicht sehr originelle Lüge, die nun wirklich auf der ganzen Welt als Aufforderung zu einer Spende zwar benützt wurde, aber nunmehr nur noch von den ganz Dummen, provoziert mich zur Antwort: *„Ja, dann hast du ja vorher Spaß gehabt!"* Er versteht nicht - ist auch egal.

Im Radio und auch auf den Plakatwänden die drastische Aussage: *„Smokers Are Liable To Die Young!"* Wer will da noch rauchen? Aber vielleicht sieht man nur so wenig Leute rauchen, weil sie sich den Rauch einfach nicht leisten können.

Meine Besichtigung der Innenstadt war nicht ohne ein mulmiges Gefühl. Zwanzig Stockwerke hohe oder noch höhere Bank- und Versicherungsgebäude mit schwarz gekleideten, mit Maschinenpistolen bewaffneten Sicherungstruppen. Vor jedem normalen Laden sitzt ein bewaffneter Typ auf einem Stuhl und ich bin ganz alleine als einziger Weißer in einer eigenartigen Atmosphäre von Beobachtung von allen Seiten und gespannter Erwartung, was ich wohl als Nächstes machen werde. Und kaum bleibe ich stehen, sind gleich fliegende Händler und Bettler um mich. Eigentlich kann ich kaum etwas anschauen und habe auch bald keine Lust mehr dazu.

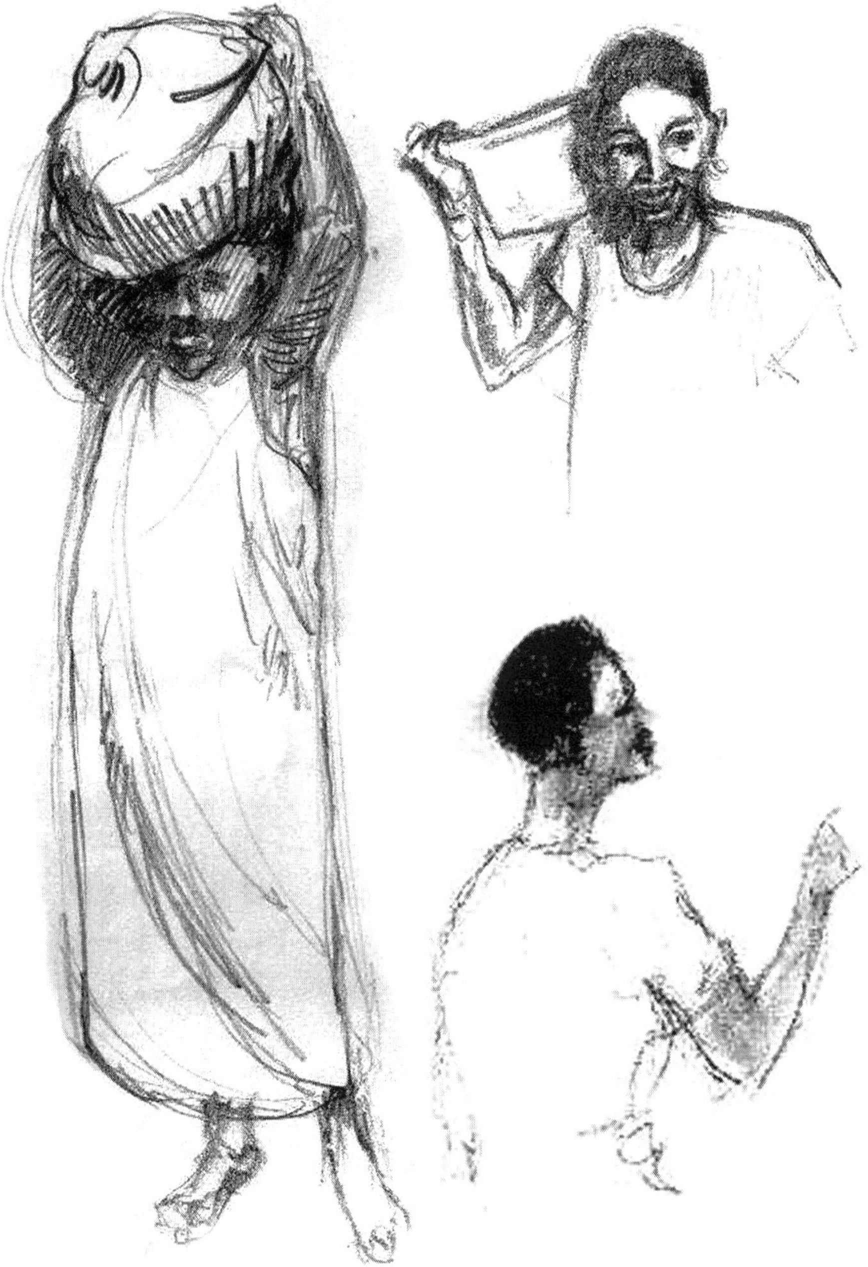

Einem Soldaten gefällt meine Jacke und ich habe Bedenken ob seine diesbezügliche Äußerung ohne Hintergedanken ist. *„Ich würde sie Dir geben, aber sie ist schon alt und lausig. Für mich ist sie noch gut genug. Und sie ist meine einzige!"* Die acht martialisch ausgerüsteten Kämpfer lachen und schnattern miteinander amüsiert und ich schlendere geschäftig die Straßen entlang. Schlendern ist Provokation. Die Spannung bleibt bis ich nach einer Stunde wieder ins Auto steige.

Ein zweiter Versuch im Jankara Markt, zusammen mit dem Fahrer Williams, ist nicht besser. Auf der einen Seite der Autobahn und unter der aufgeständerten Fahrbahn sind im wirren Durcheinander selbstgebaute Hütten und Unterstände, von denen aus alles nur Erdenkliche verkauft wird. Die schlammigen Wege folgen der verwinkelten Anordnung der Holzverschläge. Die Ausdehnung dieses Teils des Marktes ist zwei Kilometer im Karree, und da keine erkennbare Ordnung der angebotenen Waren vorhanden ist, ist es völlig unmöglich, etwas Spezifisches zu finden - es scheint Glückssache zu sein.

Auf der anderen Seite der Straße herrscht demgegenüber mehr Ordnung. Die Sträßchen sind teilasphaltiert, die Verkaufsstände gemauert und bis zu zwei Stockwerke hoch. Dafür fahren Autos und Mopeds, oder versuchen zu fahren, zwischen der sich vorwärts drängenden Menschenmasse. Nicht die Wohlgerüche des Orients, sondern der dumpfe Schweißgeruch unterschiedlich transpirierender und gewaschener Menschen beherrscht das Treiben. Dazu die ungewohnte Nähe, die absolute Distanzlosigkeit der Leute. Während wir Mitteleuropäer uns nicht unbedingt am nebenan Gehenden reiben, anlehnen oder drücken, hier ist dies anders und die feuchte Haut des Fremden stört nicht. - Nur mich. Außer einer Albina bin ich wieder der einzige Weiße. Die Verkäufer zischen, um auf sich aufmerksam zu machen - aber auf was? Billiguhren, Billigwecker, Plastikzeug und Sonnenbrillen, alles billiger Ramsch, wohin man schaut. Da gibt es tatsächlich nichts, was im Land gefertigt wurde. Schuhe, meterhoch gestapelt, die verschiedenen Modelle und Größen durcheinander, so wie aus China geliefert. Bunte dicke Synthetikdecken in Stapeln, Plastikmöbel wie vom LKW gekippt. Wir kommen nur durch dieses Gewühle, indem wir, wie alle anderen, über Stoßstangen und Kotflügel klettern. William bittet um Verständnis, dass er so viel Sport nicht machen kann. Seine Figur unterstreicht die Behauptung. Er ist mittelgroß, stämmig und schiebt einen medizinballgroßen Bauch vor sich her. Wir kehren darum nach einigen hundert Metern wieder um.

Auf dem Weg zu einem Korbmarkt in Maryland sind an der Autobahn alle denkbaren Verkaufsstände, bis hin zum Schafmarkt, der sich über mehr als siebzig Meter hinzieht und der Ziegelherstellung per Hand, die nicht weniger Platz braucht. Dafür ist die Breite oder besser Tiefe der Verkaufsfläche nur fünf bis sieben Meter, denn dort fängt Privatland an, und das dürfen die illegalen Händler nicht betreten. Jeder der etwas kaufen will, bleibt auf dem Standstreifen der Autobahn stehen und ein Nächster will auch was und steht schräg und schon fängt der Stau an. Aber das hatte ich schon. - Wie allerdings die Ziegelhersteller ihr Zeug so schnell wegbringen, wenn die Polizei räumt, verstehe ich nicht. Williams meint: *„Die Polizei wird nie räumen oder lässt sich mit Geld umstimmen?!"* Zum ersten Mal erlebe ich die Sevicearbeit an der Autobahn. Einzelne Frauen in einheitlichem Overall mit der Aufschrift „Highway Service" kehren mit Besen die Straßenränder und beschimpfen gestikulierend die Autos - entweder wenn sie zu nahe heranfahren oder wenn sie in das gerade gekehrte Stück hinein fahren. Zu ihrem Schutz vor dem Verkehr steht ein Stück vor jeder einzelnen Straßenkehrerin ein Schild „Men at Work" und ein stählernes Nagelbrett liegt auf der Straße. Das Schild alleine würde wohl kaum nützen.

Der Korbmarkt ist zwar groß, aber es stehen weitgehend Möbel dort. Einige Körbe und Kisten aus bunt gefärbten Weiden, dazu noch Einkaufskörbe - das ist das Angebot. Die Handwerkerfrauen sehr pittoresk und folkloristisch in ihren farbigen Kleidern, aber ihre Erzeugnisse sind nicht ungewöhnlich.

Und dann versuche ich wieder einmal gesottene Erdnüsse - aber auch diesmal, wie schon vor Jahrzehnten, mir schmecken sie einfach geröstet besser.

Es ist Feierabend als wir an einer Fabrik vorbei kommen. Eine Schlange von zwei Kilometern meist junger Mädchen marschieren im Gänsemarsch am Rande der Straße nach Hause. Williams bemerkt: *„Sooo viele schöne Mädchen"* und ich frage, ob ich nicht als Aufsicht in der Fabrik einen Job bekommen könne. Er kichert ewig über diesen Kalauer und ich habe den Verdacht, er lacht mit dem Hintergedanken, ein höheres Trinkgeld bekommen zu können. Vor dem Fabriktor drückt eine Arbeiterin ihrer Kollegin, einen Pickel im Gesicht aus, die das mit offenem Mund geschehen lässt. Tut weh!?

Die Telefon- und Elektromasten sind, wie auch in anderen afrikanischen Ländern, aus Baumstämmen, wie sie gewachsen sind. Krumm oder gerade, dick oder dünn. Das gibt einen Eindruck, als wäre dies nur eine vorläufige Installation. Aber das ist endgültig.

Auf dem Weg zu unserem Camp, „Beachland" genannt, passieren wir eine Zone, in der LKWs repariert und neu zusammengebaut werden. Aus Zwei oder Drei mach Eins. Es entstehen dabei ungeahnte Zwitter! Zum Beispiel vorne ein Kastenwagen mit dem Hinterteil eines Kippers. Natürlich von verschiedenen Autofirmen. Und die Reste bleiben liegen. Aufleger und Chassis, Teile von Karossen und Motoren, alles stapelt sich kunterbunt am Straßenrand und rostet der Ewigkeit entgegen.

Das „Beachland" hat keinen „Beach" und die Wortfindung ist unklar. Aber es existiert eine Rampe in die Lagune und dreißig oder vierzig Boote, eines größer und stärker als das andere, liegen davor. Prestigeobjekte - einige von ihnen weißen Besitzern zurückgelassen, als sie anderswohin zur Arbeit

Fabrikarbeiterin drückt ihrer Kollegin einen Pickel vor dem Fabriktor aus

weiterzogen, oder vergessen, weil das Prestige sich vielleicht verlagert hat. Kajütenkreuzer und hoch motorisierte Schnellboote bis fünfzehn Metern Länge für welche die Freizeitskipper jahrelang hier arbeiten mussten. Eine wenig sinnvolle Geldanlage, wie es scheint. Im Wasser schwimmen Wasserhyazinthen neben aufgedunsenen Tierkadavern.

Jeden Donnerstag ist im Camprestaurant Lifemusik und Barbecue und die Gemeinde erscheint mit Auto - der Parkplatz ist gerammelt voll, obwohl die meisten nur fünf Minuten zu Fuß zu gehen haben. Aber auch das Auto definiert die Position in der Firma, gerade diesbezüglich herrscht eine strenge Ordnung in allen Unternehmen. Mercedes gibt's nur für die Manager. Darum kaufen sich einige Arbeiter privat einen solchen Kübel und sind dann zumindest optisch gleichgestellt.

Am Morgen beobachte ich die Verabschiedungszeremonie eines weißen Ehepaares. Soll man nicht tun, aber ich warte auf dem Balkon auf Williams, zeichne Godwin und die Verabschiedung findet auf der Terrasse gegenüber statt - dem kann ich nicht entkommen. Er, jung und dick, mit einer Figur, die es einem Hosengürtel nicht erlaubt, Halt zu finden. Sie, eine schlampige Blondine im Morgenrock. Mir wird verständlich, dass eine knackige Prostituierte durchaus zu bevorzugen ist.

Godwin hat sich stundenlang an den Herd gestellt und ein traditionelles Menü gekocht. Allerdings kann er mir nicht wirklich erklären, was es ist. Der Brei, der aussieht wie ein grober klebriger Kartoffelbrei, ist aus einer lokalen Frucht, Kasawa, aber man könne einen ähnlich schmeckenden Brei auch aus Jamwurzeln machen, sagt er. Beides sind Knollenwurzeln, wobei die Jamwurzeln größer sind, vierzig Zentimeter lang mit einem Durchmesser von fünfzehn Zentimetern, Kasawa ist dünner. Die halbfeste Masse schmeckt fast wie nicht ganz durchgekochte Kartoffel. Und der Rest ist aus grob geschnittenen Kürbisblättern mit Knoblauch, Zwiebeln, Hühnerfleisch und Fisch- oder Krabbenfleisch. Und ich vermute einige unappetitliche Kleinigkeiten mehr darin, denn einiges erinnert stark an kleine Schnecken oder ähnlichem. Insgesamt eine sehr wohlschmeckende Kombination. Godwin amüsiert sich köstlich, als ich ihm sage, dass die Kürbisblätter in Europa nicht verwendet werden, wir sie sammeln und nach Nigeria schicken, damit die dort ihr traditionelles Gemüse daraus machen können. Er entgegnet: *„Wir präparieren es hier und es wird nach England als Spezialität exportiert, und das ist wahr!"* Und ich entgegne: *„Damit ist endlich klar, dass deutsche Kürbisblätter über Nigeria nach England geliefert werden!"* So macht man sich Freunde! Und Godwin bügelt meine Jeans auf Falte.

In dem indischen Lebensmittelladen wird neben anderen, sonst nicht verfügbaren Dingen, auch Milch verkauft. Erstaunlich, dass auch die Afrikaner die Milch kaufen, sollen sie doch unfähig sein, die Milch zu verdauen, weil ihnen das entsprechende Enzym fehlt. Aber das weiß man schon seit Jahrzehnten und es bleibt ein Rätsel, warum sie trotzdem, sobald sie es sich leisten können, Milch trinken. Solch indische Läden gibt es wirklich in allen Ecken der Welt, wo andere Kaufleute außer Libanesen nicht hingehen. Der Indienladen ist ein Treffpunkt der indischen Kommune. Immer wenn ich hinkomme, lungern einige Alte an der Kasse herum, um dort zu klönen.

Es müssen Tausende dieser gelben VW- Busse in Lagos im Transportservice sein. Wenn sie stehenbleiben wollen, hält der Fahrer, oft auch der Kondukteur, den Arm aus dem Fenster und streckt den Zeigefinger aus. Da nach Bedarf gehalten wird, müssen die anderen Verkehrsteilnehmer darauf achten, denn der Halt ist oft plötzlich und es ist durchaus normal, dass solch ein Halt auch auf der Autobahn ist.

Im Radio sind Meldungen zu hören über erhöhte Sicherheitsvorkehrungen auf den Zufahrtswegen zum Flughafen, wegen der vermehrten Überfälle in den vergangenen Tagen. Die Methode der Überfälle ist einfach und effizient und wird landesweit praktiziert. Ein Nagelbett zwingt die Autos mit platten Reifen stehen zu bleiben und die Erfahrung lässt die Räuber an dem Ort warten, an dem das Auto zum Stehen kommt. Dann brauchen sie nur noch abzuräumen und zu verschwinden. Warum die Polizei nicht grundsätzlich etwas gegen die Räuber unternimmt, ist auch aus der Größe des Landes erklärlich. Neunhundert Kilometer in der Nord-Süd- Ausdehnung und ebenso viel in Ost-West ergibt ein Gebiet ähnlich so groß wie Mitteleuropa. Und dass hier nicht alles „well organized" laufen kann, muss man doch verstehen, erklärt mir Williams. Lagos hat zwölf Millionen Einwohner - tagsüber, nachts sind es nur acht Millionen, die anderen schlafen in den Dörfern und Städten der Umgebung und kommen nur zur Arbeit in die Stadt. Und alle mit den Minibussen, denn Schienenverkehr existiert nicht. Zumindest ist dieser nicht sichtbar. Vor einigen Wochen haben hochrangige Politiker die Wiedereröffnung der Eisenbahn zelebriert. Die Chinesen haben die Loks repariert oder neue geliefert und ein regulärer Dienst wurde eingerichtet. Aber die Wiederaufnahme des Ferndienstes entspannt die Verkehrssituation nicht.

In diesem Zusammenhang erzählt mir Mr. Dent, der englische Nigerianer, eine Geschichte, die ihm vor einigen Jahren passiert ist, als er mit der „Field Society" einen Ausflug in eine sechzig Kilometer entfernte Stadt machte. Die „Field Society" ist eine Einrichtung der Engländer aus der Kolonialzeit. Sie organisiert gemeinsame Ausflüge einmal im Monat für ihre Mitglieder. Es geht zur Vogelbeobachtung ebenso wie zu traditionellen Feiern der Eingeborenen oder zu Bergtouren. Im Zuge des erwähnten Trips, den man mit zehn Autos unternahm, wurde auch der damals neu errichtete Bahnhof einer Stadt besucht. Und als der Bahnhofsvorsteher diese Anzahl Weißer sah, kam er aus seinem Büro, um nach dem Grund dieses Auflaufes zu fragen. Man erklärte, dass das nur eine Besichtigung sei, und ob man denn einen Zug vielleicht bei seiner Ankunft sehen könne. Der Vorsteher meinte, der nächste

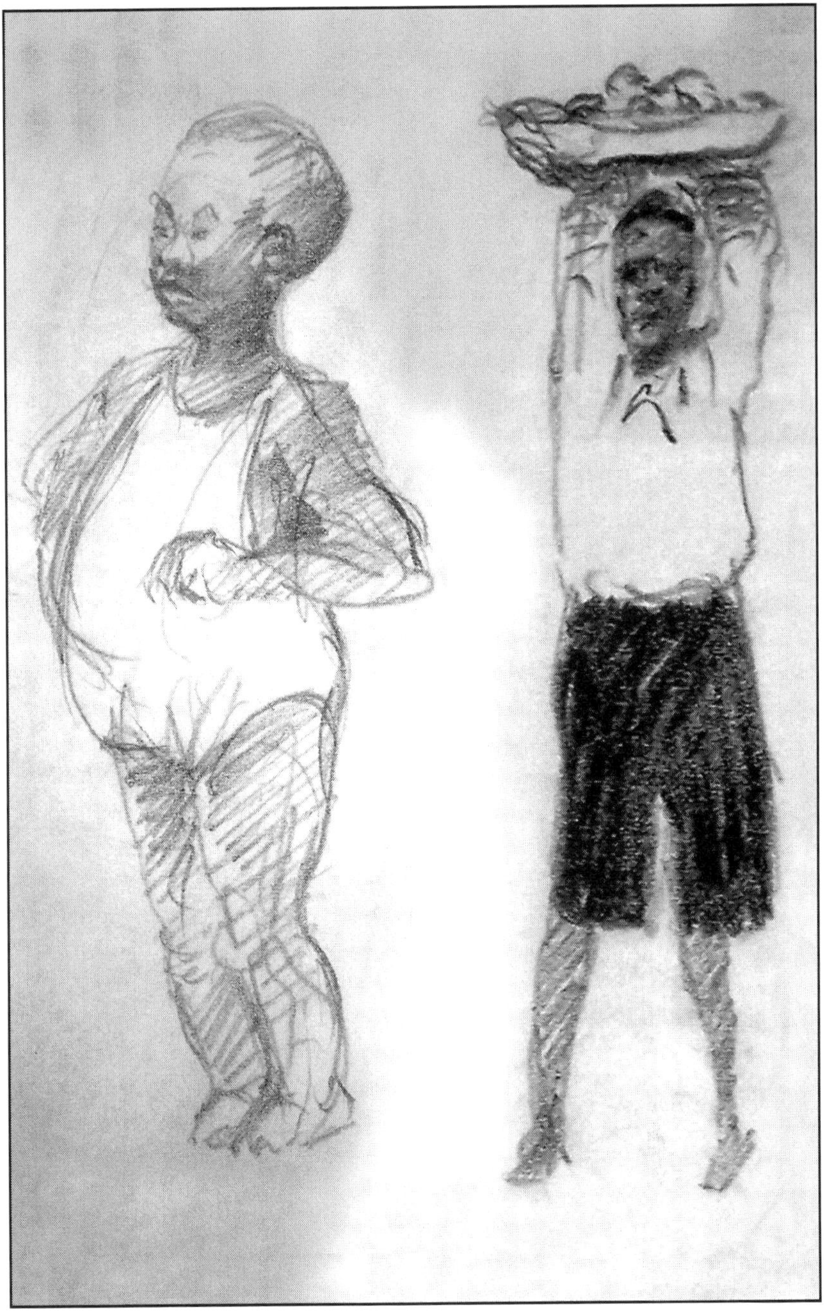

Zug käme aus Ughelli, er wäre aber verspätet! Und wie lange er verspätet ist? Der Bahnhofchef sieht lange auf seine Armbanduhr und sagte: *„Seit Donnerstag"*. Es war Sonntag!

Nachzutragen wäre noch, dass für die Passagiere der ersten Klasse im Bahnhof eine eigene Toilette eingerichtet ist, deren Benützung nur mit dem unter der Obhut des Bahnhofsvorstehers gehaltenen Schlüssels möglich ist.

Die neueste Kreation auf dem Autozubehörmarkt ist das Nummernschild, mit einer imitierten Chromkette eingerahmt. Der lokale Renner. Alle neueren Autos sind damit ausgestattet, die alten nicht. Auf den Nummernschildern steht - in Anlehnung an amerikanische Schilder - ein Slogan für die entsprechende Stadt. So für LAGOS „Center of Excellency", ABUJA, der Hauptstadt Nigerias, „Center of Unity" und für KONFI „The confluence State".

Zum Schulbeginn werden auf der Straße Schultafeln auf Gestellen verkauft. In unterschiedlicher Größe stehen sie aufgereiht, handgefertigt, jede Tafel anders. Aber wohl nur zum Unterricht, denn wer wird für sein Kind eine Tafel kaufen, die einen Meter breit und einen dreiviertel Meter hoch ist und auf einen eineinhalb Meter hohen Gestell montiert ist? Aber andererseits, welche Schule kauft auf der Straße seine Tafeln?

Es ist Freitag und heute kommen fast alle Männer in traditionellem Gewand zur Arbeit, mit grellfarbigen langen Kutten, verziert mit Stickereien. Viele Frauen sind ebenfalls besonders gekleidet, knatschgrüne bodenlange Kleider mit phantasievollen Ausschnitten in Blumenform oder mit Blättern, fast an Abendroben erinnernd. Aber auch grellrotes oder leuchtendes Gelb ist dabei. An Farbenfreude nehmen sich die Geschlechter nichts.

Die Zeitungsverkäufer haben Hupen mit Gummibälgen entdeckt, um die Aufmerksamkeit der vorbeifahrenden Autolenker zu wecken, und die Mopeds hupen mit LKW-Hörnern - ein Tanz der Irren.

Endlich habe ich meine Postkarten geschrieben. Der Versand ist eine weitere Schwierigkeit. Natürlich gibt es keine Postkästen, das war nicht zu erwarten. Das wären sicher nur Abfalleimer geworden. Aber auch bei den Postämtern gibt es Unterschiede, das behaupten zumindest die Einheimischen in unserem Büro. Nur bei bestimmten Poststellen kann man einigermaßen sicher sein, dass die Sendung auch tatsächlich befördert wird. - Aber eigentlich sollte ich die Briefe oder Karten mit der Kurierpost wegschicken, die ginge jede Woche einmal von Büro weg, und dann würde man sie vom Hauptbüro in Deutschland weiter expedieren. Ein mitleidiges Lächeln ist die Antwort auf meinen Wunsch, die Karten sollten doch wegen der Briefmarken von Lagos aus weggeschickt werden. Mir ist offenbar nicht zu helfen und so wichtig ist wohl dann auch die Sendung nicht, dann kann sie auch verloren gehen. Man hat mir die Möglichkeit geboten, ich hatte die Chance! Auf dem Postamt ist der Betrieb wirklich nicht sehr vertrauenerweckend. Aber ich bekomme meine Marken mit der wiederholten Aufforderung, nicht alle Marken auf eine Karte zu kleben, sondern auf jede Karte nur jeweils eine. Und dann soll ich die Karten in einen der zwei vorhandenen Schlitze stecken. Ich vermute, der eine Schlitz für „Umgebung" wird bedient, der andere „Außerhalb" mündet direkt im Papierkorb. Aber ein Schwarzer versichert mir mit ernster Miene auf meine Frage: *„Bleibt die Post von diesem Schlitz zwei Jahre liegen?"* - *„Nein, nicht so lange!"*. Ich muss mir meine Art der Fragestellung abgewöhnen und keinen versteckten Sarkasmus mehr einschließen!

Im Büro der Ölgesellschaft für die neue Ölverladestelle ist auch ein Raum für uns vorgesehen. Während ich in der Vergangenheit immer nur kurz mein Gesicht gezeigt habe, bleibe ich diesmal etwas länger und erlebe einen besonderen Büroalltag! Als der Bürochef so gegen elf Uhr kommt, erzählt er erst einmal einige Geschichten. Lautes Gelächter, Riesenstimmung, Palaver wie bei einer Party. Und das geht stundenlang. Es wird kurz gearbeitet, dann geht es mit neuer Kraft zu den nächsten Scherzchen. Leben steht an erster Stelle und dann kommt lange nichts. Einer telefoniert, zwei probieren wie ihre neuen Mobiltelefone funktionieren, drei lesen Zeitung. Nur der Chef selbst tut so etwas Ähnliches wie Arbeiten. Aber dann erzählt er mir, dass er seine Bankgeschäfte erledigt hat. Und über allem dudelt laut ein Kofferradio und an zwei Computern unterschiedliche CD's.

Auf der Straße begegne ich einem *„fahrenden Händler"*, im Unterschied zu einem *„fliegenden Händler"*, der seine Ware - Starterkabel für Autos - auf seinem Rad angebracht hat. An der Lenkstange, am oberen Holm, dem Gepäckträger. Es sieht aus, als hätte er das Rad dekoriert. Es sind sicher nicht weniger als fünfzig herunterhängende Starterkabel auf dem Rad.

Jeden Tag neue Sachen, welche die Straßenhändler, zwischen den Autos entlang schlängelnd, anbieten. Jetzt sind es Fotos, zwanzig mal dreißig Zentimeter, mit einem Passepartout versehen, in einem rahmenlosen Glasträger. Was für eine Entwicklung von den in früheren Zeiten in Afrika angebotenen Bildern, aus Schmetterlingsflügeln zusammengefügt, zu diesem importierten Schund!

Aber auch Steinschleudern haben die Händler zu bieten und Rechtschreibbücher - English Dictionary, Badezimmervorhänge inklusive der Aufhängeringe, Autoschonbezüge, T-Shirts, Kaugummi und Kekse, Handtücher und Bonbons, Parfum und Erdnüsse, die Zeitschrift „Vogue" neben Papiertaschentüchern und Six-pack-Bier, Kinderbücher und Dokumentenhüllen, CD's und dazu passende Player, Thermoskannen, Romane und Toastbrot, Unterhemden und Taschentücher, aufblasbare Gummitiere, Besen, Tischtennisschläger, Fittnessausrüstung und in Plastiksäcken abgepacktes Wasser, und das alles auf der Schulter, in der Hand, auf einem in die Höhe gehaltenem Ständer damit die Geschäfte, neben dem Au-

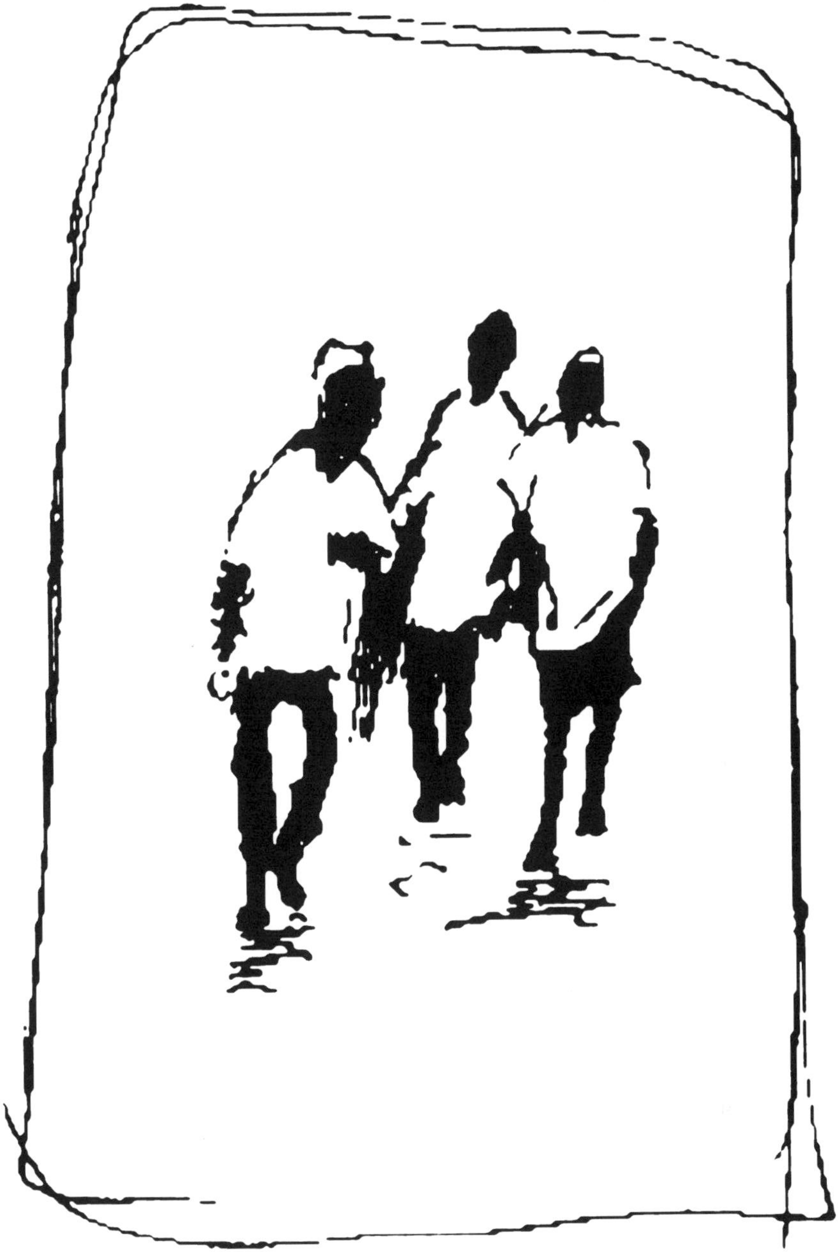

to herlaufend und zwischen den Autos, betrieben werden können. Und wenn dann der Stau sich etwas auflöst, müssen die Typen mit ihrem Wechselgeld heftig spurten, denn hinten hupt die Meute, die nichts gekauft hat.

Wir weichen einem Stau aus und versuchen den Bussen folgend über die Geh- und über die Bordsteine auf eine andere Verbindungsstraße zu kommen. Irgendwie völlig verloren erlaube ich mir gegenüber Williams den Uraltkalauer: *„Wir wissen zwar nicht wohin wir fahren, dafür sind wir aber schneller dort."* - Was ein Erfolg, der Spruch ist hier neu.

Die Reklamen sind teilweise eine Mixtur aus Englisch und Nigerianisch, wobei es eigentlich kein Nigerianisch gibt. Vielmehr werden in den sechsunddreißig Staaten von Nigeria die unterschiedlichsten Sprachen gesprochen. Aber einige Worte wurden *„eingeenglischt"*, so wie *„Popo"*, das selbst die hier lebenden Engländer als Englisch anerkennen. Ein anderes Wort ist *„tokunbu"* für *„gebraucht"*. Wenn im Radio in den englischen Nachrichten der Ausdruck *„Gebrauchtwagen"* kommt, dann heißt das *„Tokunbu-Cars"* und auf den diesbezüglichen Reklametafeln heißt es *„ Ersatzteile - NEW and TOKUNBU"*.

Wir tanken. Auf dem Gebäude der Tankstelle ist in großen Lettern auf die Wand aufgemalt: *„This Station Is Not For Sale"*. Ist das Humor oder fragen dauernd Leute nach dem Preis der Tankstelle?!

Neben der deutschen Baufirma „Julius Berger", ist auch die andere, früher führende und jetzt kaum noch in Deutschland in Erscheinung tretende Baufirma „STRABAG" hier anwesend. Natürlich wesentlich kleiner, als die alles beherrschende Firma „Berger", aber immerhin wesentlich präsenter als irgendeine der anderen Firmen.

Eine Frau schleppt einen länglichen Kasten auf einer Schulter und in der Hand einen hohen Schemel. Es ist ein selbstgebauter Fotoapparat, um sofort ein Foto für einen Pass oder Ähnliches zu machen. Vorne ein Balgenobjektiv und hinten

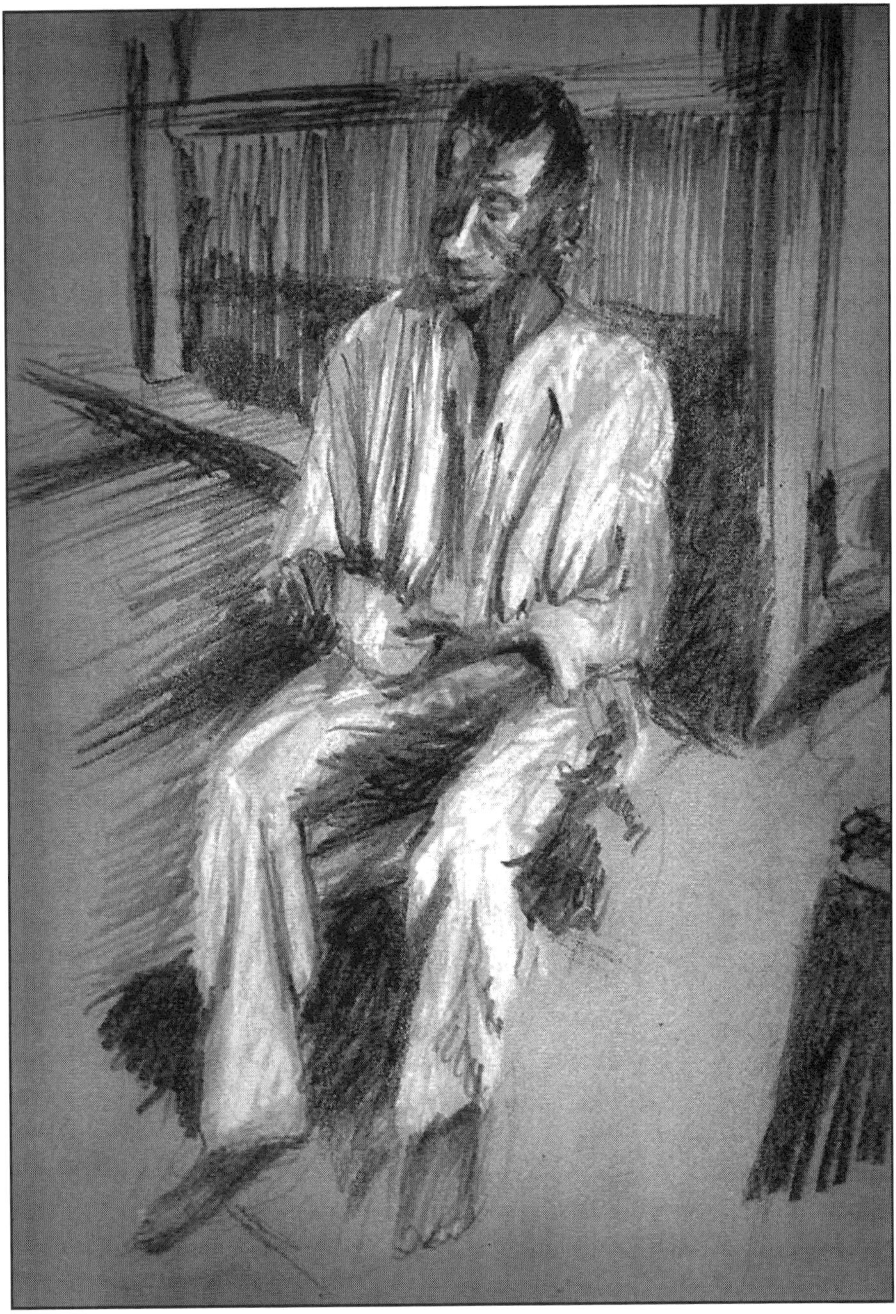

ein runder Ausschnitt, der mit einem Tuch zugehängt wird, sobald das Bild festgelegt ist, die Platte festgemacht und vorne dann das Objektiv aufgeklappt wird. Die Kiste ist vielleicht einen halben Meter lang und dreißig Zentimeter breit und hoch. Damit ist der Apparat einigermaßen gewichtig, die Dame müht sich sichtlich. Der Schemel mit den hohen Beinen ist das Stativ.

Ein Moped rast entlang mit einem Beifahrer auf dem Rücksitz, der eine Ziege im Arm hat. Die strampelt ängstlich herum, bringt den Fahrer aus dem Gleichgewicht, der seinerseits den Beifahrer anschreit, das Tier ruhig zu halten. Der klemmt die Ziege fester in seinen Arm, darum strampelt das Vieh umso mehr, wahrscheinlich ist es am Ersticken, und das Spiel wiederholt sich. Wir fahren parallel zu den Beiden, oder besser zu den Dreien und erleben das Spiel manchmal zu nahe, wenn der Fahrer zu unserer Seite ausschwenkt. Bevor es zu einem Unfall kommt, biegt der Viehtransport ab und bedroht andere.

Kurz vor dem Dunkelwerden schleiche ich auf dem Kleinen Markt vor dem „Beachland" herum und zeichne. Die Leute finden das als eine willkommene Abwechslung, aber es wird einfach zu schnell dunkel. Zwischen Sonnenuntergang und völliger Dunkelheit sind höchstens zehn Minuten. Das weiß zwar jeder, aber es ist trotzdem überraschend. Ich glaube immer, ein Strich geht noch, und dann sehe ich die Schwarzen gegen den Hintergrund nicht mehr.

Der Versuch am nächsten Tag, den Schiffshafen Tin Can Port zu besichtigen, scheitert ganz einfach an dem Umstand, dass ohne entsprechende Eintrittsgenehmigung nichts zu machen ist. Also weiter zur nächsten Attraktion, dem Bahnhof. Den erwischen wir erst nicht so ganz, wir sind eine Straße zu weit entfernt, als dass wir parken könnten. Wir müssen nochmals eine weitere Runde fahren, denn ein Umdrehen auf der vierspurigen Straße mit dem Bordstein zwischen den Richtungsfahrbahnen ist nicht möglich. An der einzig unterbrochenen

DIE ANTIKE KAMERA

Stelle ist ein Schild „Wenden verboten" und davor wartet ein Polizist. Williams bleibt stehen und erklärt dem Uniformierten sein Problem, dass er doch zurück zum Bahnhof müsse und - darf Umdrehen. Der Bahnhof ist erst einmal mit Gittern und Ketten verrammelt und erst nach einer Umrundung des wenig eindrucksvollen Gebäudes finde ich über die Anlieferung einen Zugang. Die Halle ist natürlich leer, die wenigen vorhandenen Läden sind wohl schon länger geschlossen, eine Bulettenbraterei, die Ambulanz, eine Information. Überall Ketten und Vorhängeschlösser. Eine große grüne Tafel, auf der mit Kreide krakelig geschrieben die neuesten Ankunfts- und Abfahrtszeiten der Züge zu lesen sind, ist die einzige Information.

Der Zugang zu den Bahnsteigen ist mit einem Scherengitter geschosshoch verschlossen, aber dieses lässt sich aufschieben. Ich bilde mir ein, ich darf das. Es beschwert sich nicht einmal der danebenstehende Polizist. Er fragt nur: „*What do?*" ich antworte ihm: „*Inspection*", und damit hat sich's. Auf den Bahnsteigen liegt viel aufgetürmtes Gerümpel, Möbel und Matratzen. Keine Menschen, nur Ziegen. Neben den Gleisen, dort, wo keine Züge fahren und das Gras hoch wächst, haben sich Familien niedergelassen, kochen und waschen. Einige Züge stehen abfahrbereit. Die Frachtzüge sind gepanzert wie Werttransporte, die neuen Personenwagen sehen gepflegt aus; die alten sind so vergammelt, dass es unmöglich scheint, dass sie noch eingesetzt werden können. Völlig verrostet und verbeult und die Elektrokabel hängen ohne Verbindung herunter. Eigentlich erinnert der Zustand der gesamten Anlage des Bahnhofes an frühere Aufnahmen aus den kommunistischen Ländern - einfach und spartanisch, heruntergekommen und reparaturreif.

Vor dem Bahnhofsgebäude, wo eigentlich der Haupteingang ist, der aber nur zu einem versperrten kleinen Vorplatz führt, hinter dem dann die Zufahrtsstraße mit einem Markttreiben

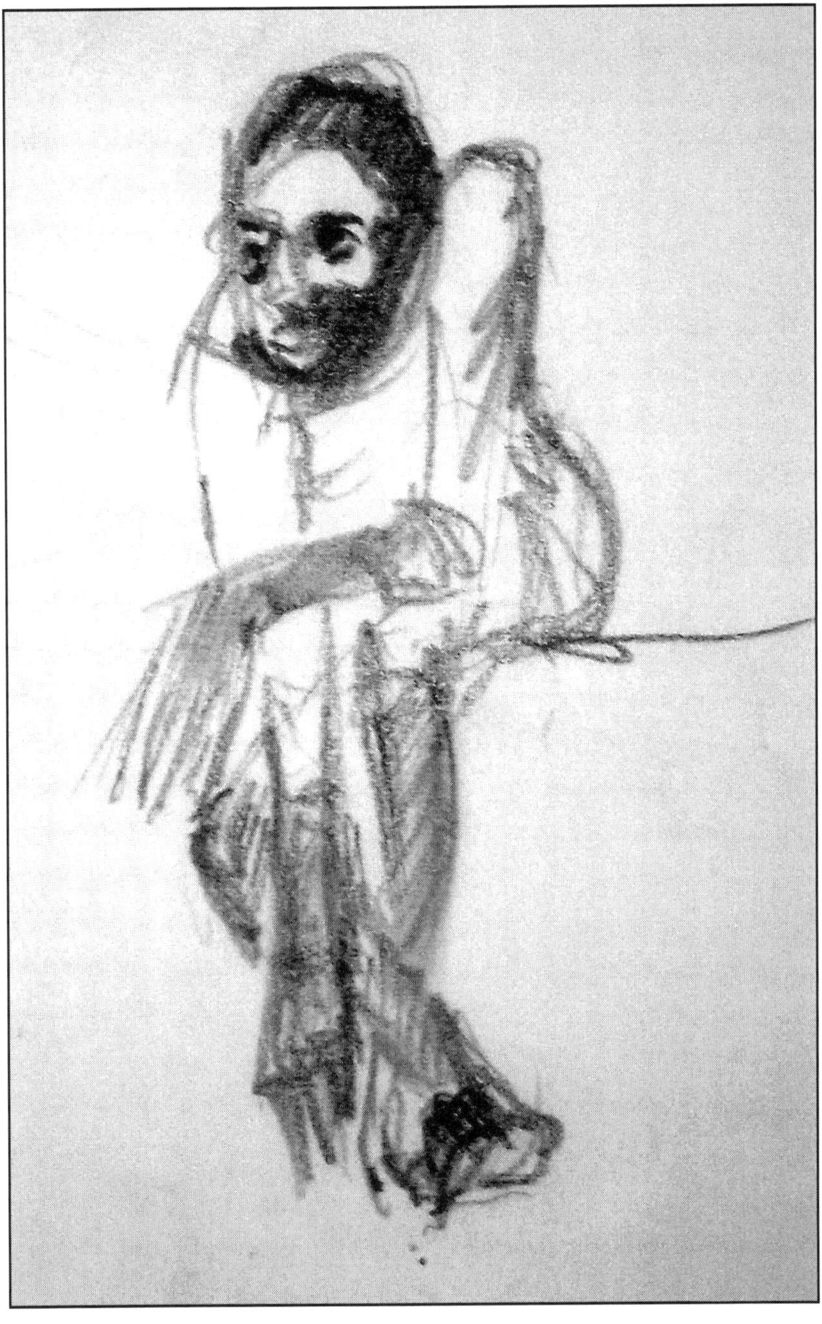

ist, finde ich eine Patronenhülse und gleich daneben einen Kanaldeckel, den ersten in Lagos. Und den muss ich aufgrund meiner künstlerischen Neigungen natürlich abdrucken. Als ich mein Equipment auspacke, Papier und Druckerfarbe und -rolle, sammeln sich schon die ersten Interessierten. Als ich mit meiner Arbeit fertig bin, ist es ungewöhnlich ruhig, man verfolgt gespannt, was bei meiner Arbeit wohl herauskommt. Es hängen sicher mehr als sechzig oder siebzig Leute an dem Absperrgitter, um etwas zu sehen. Ich bin stark an Berichte über die englischen Royals erinnert, denn der Kanaldeckel ist sicher kein lokales Erzeugnis und wahrscheinlich in den fünfziger Jahren, als der Bahnhof gebaut wurde, aus England importiert. Es steht „NEEDHAM STOCKPORT" darauf. Dass das deren einziger Kanaldeckel ist, hängt wohl damit zusammen, dass es keine Wasser oder Abwasserleitungen gibt. Fast jedes Haus hat einen eigenen Brunnen gebohrt und pumpt dort das Grundwasser herauf. Dass das klappt, ist erstaunlich. Eigentlich müsste der Grundwasserspiegel so tief abgesunken sein, dass die Brunnen leer sind. Aber die Lagune ist nah. Der natürliche Bodenfilter funktioniert offensichtlich, das Wasser ist nicht salzig oder brackig. Störend, zumindest für mich, ist der Umstand, dass das Abwasser auf demselben Grundstuck versickert. Das bedeutet, dass die Stadt, einfach gesagt, auf Scheiße steht. Und dass das versickernde Abwasser nicht die danebenliegenden Wasserbrunnen verseucht, ist unvorstellbar. Unappetitlich aber wohl eine Tatsache.

Der alte Bahnhof, ein Bau im Kolonialstil und viel schöner als der neue, ist nicht mehr in Betrieb und dient jetzt als Verwaltungszentrum der Bahn. Zutritt nicht gestattet!

Wieder auf der Straße, kommt uns ein Mopedfahrer entgegen, der seinen Lenker völlig verdreht hat, so dass das Gefährt zwar kaum noch lenkbar, jedoch sehr schmal ist und damit zwischen den Autos besonders gut durchkommt. Ein Staudurchschlüpfer.

HELLS DOOR
NR 106

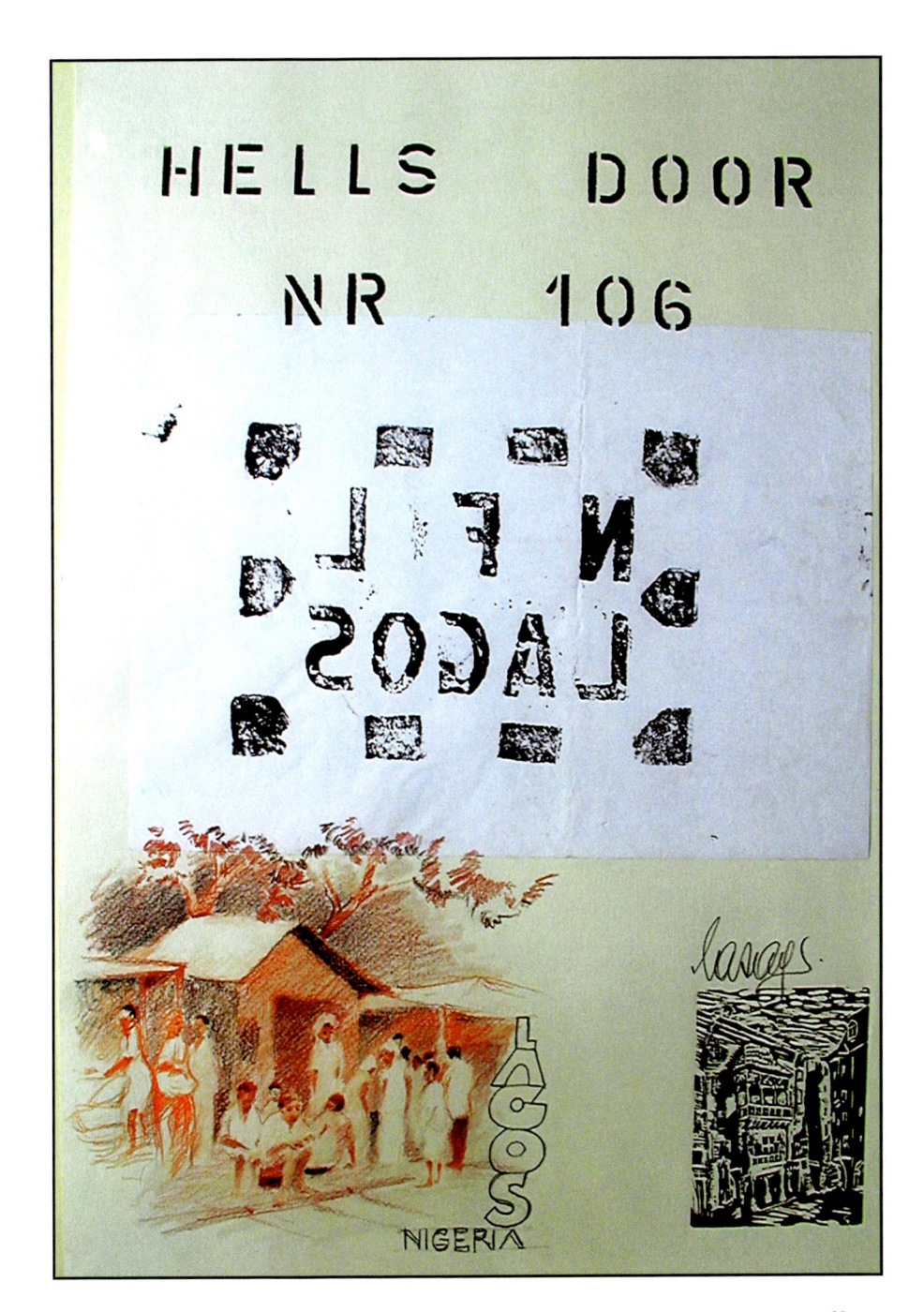

N F L
LAGOS

Lagos

LAGOS
NIGERIA

Zur Absperrung der Straße zu Fußgängerbereichen dienen, statt der in Europa eingesetzten Poller, hier Ölfässer, die mit Beton gefüllt sind, und, damit sie nicht ganz so provisorisch aussehen, oben mit einem Kegel abschließen.

Das meist verbreitete Schild ist „NO PARKING" aber unmittelbar gefolgt von „DO NOT URINATE HERE".

Von der Stadtautobahn, die aufgeständert über die Lagune und die Stadt läuft, hat man einen zwar schnellen, aber guten Blick auf das Treiben in dem Eingeborenenviertel und der Fischer. Die Häuser, die nicht den ganz Reichen gehören, damit nahezu alle, sind mit Wellblech gedeckt. Von oben sieht ein solches Viertel wie eine Slumsiedlung aus, nur verrostetes Blech.

Ein Schild vor der Einfahrt zu einer Geschäftsniederlassung einer einheimischen Firma sagt „TAXPAYERS IN ACTION". Ich glaube es ist ironisch gemeint, bin mir aber nicht sicher, denn ich kenne die hier gebräuchliche Ausdrucksweise nicht.

Auf den Wänden steht „POST NO BILL" und ich verstehe darunter, keine Rechnungen anzukleben. Ich lasse mich aber gerne überzeugen, dass das auch heißt, keine Poster oder Plakate anzubringen. Aber das mit den Rechnungen wäre lustiger gewesen und ich behalte diese Überlegung im Gedächtnis, wenn ich die Aufschrift sehe.

Ein Volvo-PKW hängt sein Hinterteil tief hinunter. Im Kofferraum liegt eine zerteilte, blutige Kuh und der Deckel lässt sich nicht mehr schließen. Ist das der ambulante Metzger? Seine Klienten sitzen mit im Auto!

Ich grüße einen Polizisten vom Auto aus, während wir darauf passen, eine Lücke zum Einfädeln zu finden. Er winkt freundlich, kommt zum Fenster und fragt, wie es mir geht. *„Ja Officer, besser als dir, ich habe Wochenende und muss nicht auf der Kreuzung stehen!"* Er lacht und sagt: *„Da hast du recht!"* und hält den Verkehr für uns auf, damit wir einbiegen können. Da sage noch jemand, die Schwarzen hätten was gegen die Weißen! Grundsätzlich winkt jeder Polizist, wenn ich ihn

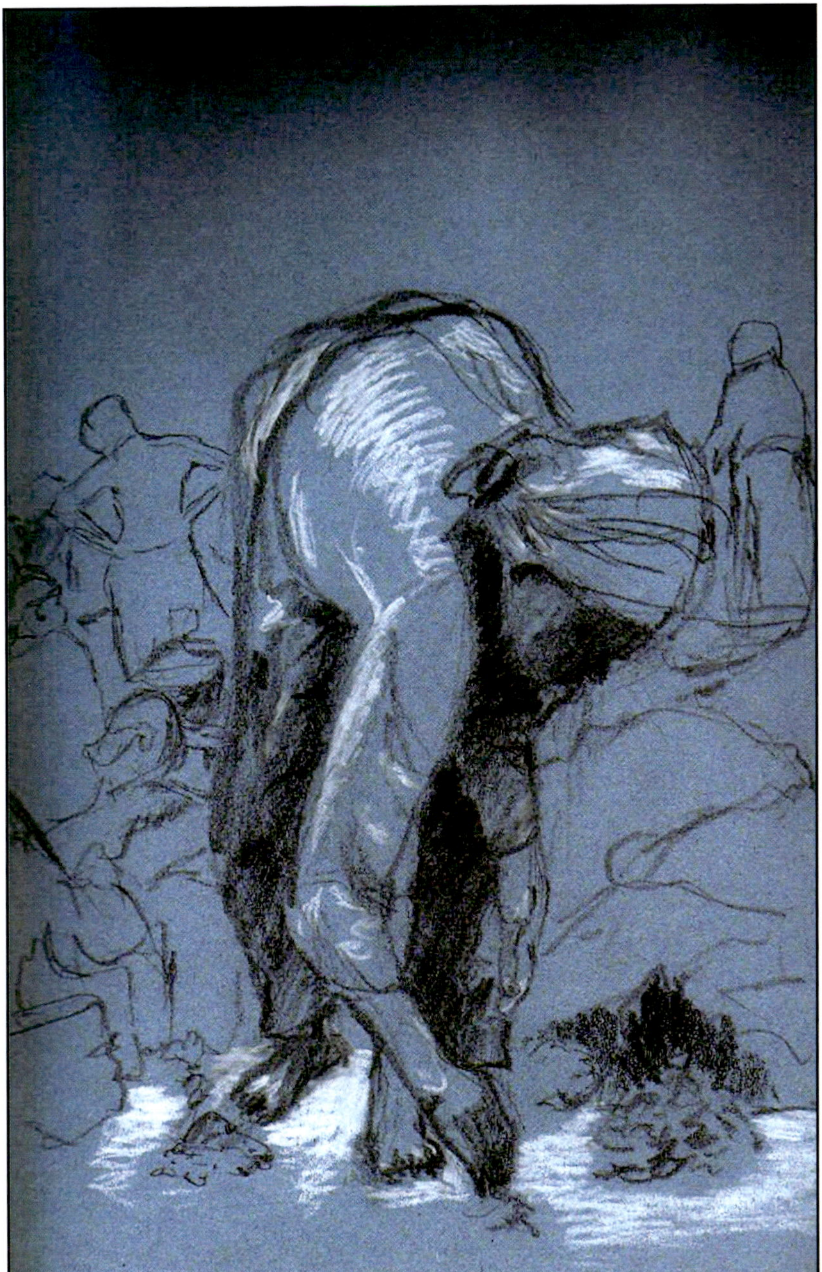

vom Auto aus ansehe und freut sich, wenn ich zurückwinke. Nur die „Abkassierer" der Branche, die schauen muffig.

Eine Woche nach unserem ersten Besuch waren wir wieder beim Nationaltheater. Die Handwerksausstellung ist wieder oder noch immer geschlossen und diesmal ist der Typ, der den Schlüssel hat, nicht erschienen, aber er komme gleich. Das sagt der Mann am Eingang. Also gehen wir zur Kunstgalerie, dort war letzte Woche kein Strom. Aber auch diese Woche nicht. Und später, zurück bei der Handwerksausstellung, ist auch der Mann am Eingang weg. Sehr eindeutig, heute gibt es hier nichts mehr zu sehen. Nur bei den Künstlern im Atelierzentrum sind Leute am Arbeiten und dort kann ich auch ungestört skizzieren. Die Anwesenden sind auch sehr interessiert und malen selbst routiniert. Allerdings weitgehend die gängige Masche: Ein traditioneller Markt vor einem Schloss im Norden Nigerias oder eine dunkle Straße mit Häusern und hell erleuchteten Fenstern, die das Licht auf die Straße werfen. Also viel Effekt, was sich hier wohl gut verkaufen lässt.

In einem der Säle des Nationaltheaters findet eine Hochzeit statt. Die aufgeputzten Gäste, die wir von der Ferne sehen, und die sie sich auf der Rasenfläche vor dem Theater versammelt haben, sind schon im Inneren des Gebäudes, als wir näher hinkommen.

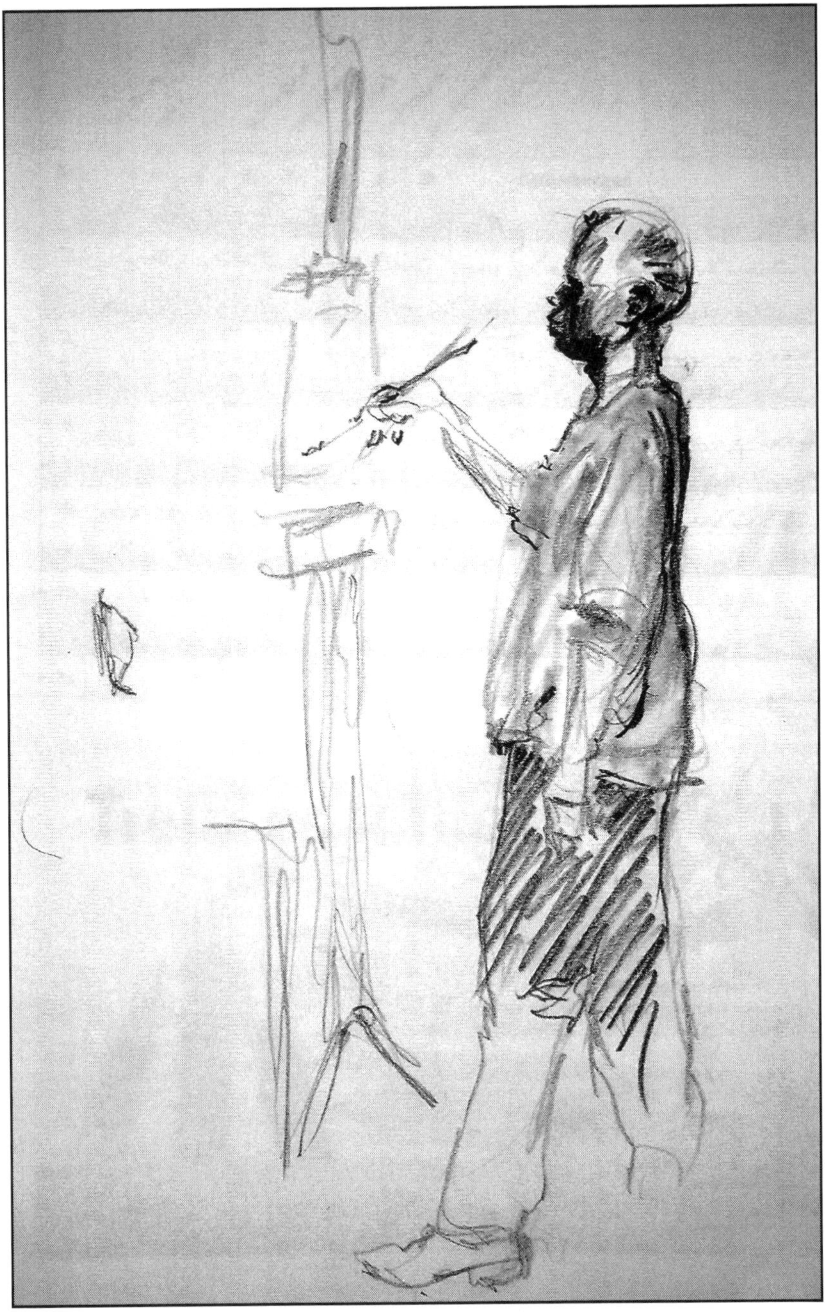

Ein Mann hält eine Rede. Wir sehen ihn nicht, er ist nur über Lautsprecher zu hören. Er sagt dauernd, so etwas wie: „*Verstehen Sie...*" oder „*...nicht wahr*" an jedem Satzende, und oft dazwischen „*...bevor Gott die Augen schließt*". Offensichtlich begrüßt er Gäste: „*Und hier ist auch die hoch verehrte Gruppe, bevor Gott die Augen schließt, der Damen von Ijoka mit ihren wunderbaren Kostümen, bevor Gott die Augen schließt, von ihren großartigen Männern begleitet, und ich vergesse nicht zu erwähnen, bevor Gott die Augen schließt, dass auch sie wunderbare Anzüge haben...*" - Er wäre eine Bereicherung für jedes Kabarett.

Wir wandern zurück und ich sehe hundert Meter entfernt einen Mann, weiß angestrichen, der von einem zweiten irgendwelche Sachen gereicht bekommt. Natürlich nichts wie hin. Ob denn das zu einem Event gehöre, und als er das bejaht, ob er Künstler wäre: „*Ja*". - „*Darf ich dich zeichnen?*" - „*Mach nur*". Und ich zeichne ihn und während ich zeichne, schminkt er sich die Lippen und setzt sich die Sonnenbrille auf und dann schreibt ihm der Helfer noch „MACABRE" mit rotem Lippenstift auf den Leib und die Arme. Zum Schluss zieht er sich schwarze Handschuhe an. Ich muss meine Zeichnung immer wieder vervollständigen und dann zeige ich ihm das Resultat und gehe.

Wir setzen uns vor einen Eingang, um das Treiben zu beobachten. Dieses Nationaltheater sieht wie ein riesiges Stadion aus und keinesfalls wie ein Theater. Vorn sind drei Eingänge im Abstand von fünfzig Metern, jeder gleich prunkvoll mit Anfahrtsrampe und Balkonrang. Ein Eingang ist heute für die erwähnte Hochzeit, ein anderer für eine Premierenveranstaltung eines Films und der dritte für die Kunstgalerie und heilige Messen. Der weiß angestrichene Mann geht mit mäßigen Schritten über die Wiese und kommt dann auf unseren Eingang zu. Er geht mit völlig versteinerter Miene entlang und als er an mir vorbeikommt schaut er mich an, streckt den Arm vor und grüßt mich mit hochgestrecktem Daumen, dann verschwindet er im Eingang zur Filmpremiere. Der Film heißt „MACABRE".

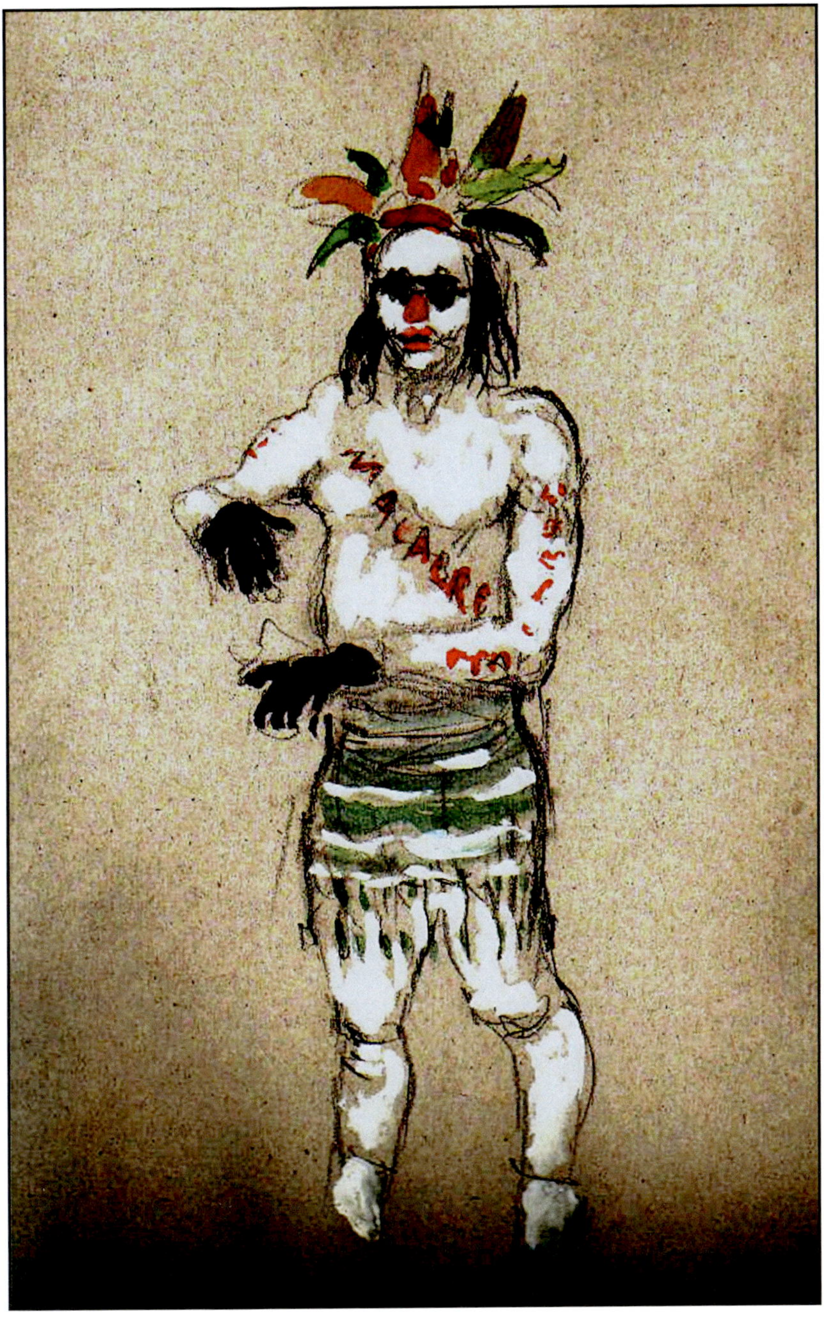

ÜBERLEBENS-
GROSSE
STATUE
VOR DEM
NATIONAL
THEATER

Heute, am Samstag, gehe ich am Abend, wie schon gestern, ein bisschen vor unser Camp, zu einem kleinen Truckermarkt, um dort zu zeichnen.

Aber eine jüngere Frau am ersten Stand ruft mir gleich zu, wenn ich wieder zeichnen würde, bringt man mich um. Keine gute Voraussetzung, auch wenn ich sie auslache. Nebenan wird auf einem sandigen Platz ein raues Fußballmatch ohne Regeln ausgefochten. Keiner schimpft über ein begangenes Foul, es wird konsequent weitergespielt. Ich schaue eine Weile zu und will gerade wieder zurück in unsere bewachte Heimstätte, da fragt mich am Stand der vorher so aggressiven Dame ein anderes Mädchen, ob ich sie nicht zeichnen möchte. Erst meine ich: *„Besser morgen"*, aber dann entschließe ich mich

VERKAUFSBUDEN AM TRUCKERPLATZ

doch, sie gleich zu skizzieren. Und dann sind wir eingekreist von Menschen, von überall kommen sie und drängen sich, und lachen und kommentieren.

Die Aggressive meint, das wäre ihre Schwester, aber ich bin anderer Meinung: *„Sie sieht dir aber nicht ähnlich!"* - Dann möchte sie einen Bleistift, und der eine ist ihr zu klein, sie will einen neuen, großen. Da bleibt mir nichts anderes übrig, als ihr einen zu geben, auch wenn sie damit nichts anfangen kann. Irgendwie wird die Stimmung besser und als am Schluss das Portrait, wie sie sagt, von einem Künstler ist, sind alle zufrieden. Ich ziehe ein Stück weiter und beginne an ein Auto gelehnt eine andere Skizze, aber die Zuschauer stellen sich so um mich herum, dass ich das Motiv nicht mehr sehe.

Ich gehe. Plötzlich reißt mir eine alte Vettel das Zeichenpapier aus der Hand und beginnt zu schreien: *„Du kommst nach Nigeria und zeichnest uns! Das geht nicht!"* Ich reagiere schnell und sie wirkt überrascht: Sie hat noch nicht zu schreien aufgehört, da habe ich mein Papier schon wieder und frage nur: *„Bist du da drauf?"* Sie hält mich an der Jacke fest: *„Ich hole die Polizei!"* - *„Bist du denn drauf? Hol' doch die Polizei!"* und gebe ihr die angefangene Skizze, auf der sie, wenn ich weiter hätte zeichnen können, zu erkennen gewesen wäre - so aber gibt's nur Umrisse. Sie zerknüllt die Skizze und schreit weiter aufgebracht von: „*...nicht dürfen*" und „*Wir Nigerier...*" und hält mich fest, aber dann wird es mir doch zu bunt. Ich reiße mich los und sage ihr: „*Jetzt ist Schluss!*" Sie schreit nur mehr und einige Leute sagen ihr, dass sie doch nicht auf der Skizze drauf sei, die sie jetzt zerknüllt hat, wo das doch Kunst ist. Ich gehe weg, und am Eingang zum Camp, achtzig Meter weiter, fragt mich einer der fünf Wachmänner, was denn da gewesen sei. „*Nichts, alles OK.*" Morgen oder am Montag werde ich die Alte fragen, ob sie noch immer beleidigt ist. Dann bringt sie mich entweder um oder sie fragt mich, ob ich sie zeichnen mag.

Am Sonntag fahren wir achtzig Kilometer zu einem Strand, der heißt „Eleco Strand". Auf dem Weg dorthin fängt es an zu regnen und Williams bohrt, dass er kein Geld hat. „*Hast du gefrühstückt?*" frage ich ihn und er antwortet erwartungsgemäß: „*Nein, noch nicht! Master*". Dass er immer „*Master*" sagt, ist ein Relikt aus der Kolonialzeit, das sich ohne weiteres Zutun von Generation zu Generation überträgt. Er sagt „*Master*" nur, wenn er etwas haben will. Ein lustiges Geplänkel über die Stellung in seiner Familie entwickelt sich, die ihn vorsätzlich verhungern lässt, und weiter, dass ich sein Master bin und darum auf ihn aufpassen muss. Ich entgegne ihm: „*Aber du musst doch **auf mich** aufpassen! **Ich** bin der Ausländer!*" - „*Das stimmt Master. Ich passe auf dich auf, aber du musst dafür sorgen, dass ich was zu essen habe!*" - „*Zahlen die dir in der Firma denn nichts? Bekommst du nicht einmal die Überstunden bezahlt? Das muss ich ändern!*" - „*Doch, doch Master. Aber nur einmal im Monat!*" - „*Sollen wir dir das Geld jede Woche geben, damit deine Frau dir auch was zu essen gibt? Oder besser jeden Tag?*" - „*Nein Master, aber dazwischen brauche ich was!*" - „*Eigentlich solltest du sicherstellen, dass wir nicht ver-*

hungern, aber das nächste Mal, wenn ich von Deutschland komme, bringe ich einen Ghana-Sack voll Lebensmittel für dich mit!"
  Wir kommen durch Victoria Island, dem Nobelviertel von Lagos, und an einem Restaurant vorbei, das von einem Libanesen geführt wird. Schon um elf Vormittag herrscht guter Betrieb. Das Menü kostet ab zweihundertfünfzig Dollar, und ohne Platzbestellung läuft hier nichts. Am Rande von Victoria Island haben sich so ungefähr alle Mineralölgesellschaften eingerichtet. Auch Chevron. Und auf die weist B. besonders hin. Warum weiß ich nicht. Aber er erklärt mir, dass dort schöne Villen sind. Man sieht die Dächer von diesen über die meterhohen Mauern lugen, und drinnen in diesem Anwesen war er nie. Und zur Sicherheit hätten sie Videoüberwachung installiert, wie man sehen kann. Um die Dummheit auf die Spitze zu treiben, sage ich daraufhin: *„Das ist nicht wegen der Sicherheit, das hat Chevron installiert, um zu sehen, dass auch alle Leute arbeiten".* Damit hab ich B. den Beweis geliefert ein völliger Idiot zu sein. Jedenfalls lässt er meine Bemerkung unkommentiert.
  Der Strand ist fast nicht besucht. Wir sind erstens zu früh und zweitens regnet es. Aber nach der langen Fahrt durch Buschland und Palmenwälder wollen wir doch ein bisschen herumstreunen. Erst ins Wasser, das zwar hohe Wellen hat, aber seit letzter Woche, wo ihm die Wellen den Schneid abgekauft haben, will B. es heute wissen. Er kommt außer Atem zurück, er wollte zwar kein *„Chicken"* sein, aber die Wellen waren stärker, er kam nicht zum Schwimmen über die Brandung. Da ich ihm vorher überflüssigerweise erklärt hatte, wie das zu machen sei, muss ich dann auch das Erklärte vorführen. Eigentlich wollte ich nicht ins Wasser, aber jetzt muss ich wohl. Es funktioniert auch, ich komme über die Brandung und schwimme auch ein paar Züge, aber ich bin nach dieser Vorführung einigermaßen kaputt. Dann stürmen die Strandhändler auf uns ein. Es sind nur wenige Strandgäste hier, und

von den Wenigen sind wir die einzigen Weißen. Das hat auf die Händler dieselbe Anziehungskraft wie Blut auf Piranhas. CDs und bunte Tücher können wir noch locker abwehren, das heißt, eine CD kaufe ich wider besseres Wissen doch und es stellt sich später heraus, daß meine Bedenken berechtigt waren. Sie ist unbespielt, nur ein schöner Einband. - Dann kommen Uhren. Die obligatorische echte „Rolex" mit mechanischem Werk, das durch den gläsernen Deckel von hinten sichtbar ist, wird neben „Breitling" und „Rado" angeboten. Und da kann B. nicht wegschauen. Nur mit Mühe lässt er sich von mir überzeugen, dass das alles nachgemachter Schund ist, der nach einigen Wochen den Chrom verliert und das Werk auseinanderzufallen beginnt. *„Aber dreihundert Dollar für eine Rolex ist doch nicht viel!"* meint er abschließend, noch immer nicht ganz sicher. Wahrscheinlich bedauert er, das Geschäft nicht gemacht zu haben und hat nur wegen mir, und um mir zu Gefallen zu sein, verzichtet. Ich mische mich nicht mehr ein, das nehme ich mir ganz fest vor.

Dann kommen noch die Teppichhändler und die Korbhändler und die ... Um dem Konsumrausch nicht völlig zu erliegen, habe ich nur zehn Dollar mitgenommen und darum kann ich mit gutem Gewissen sagen: *„Wunderschön, das hätte ich gerne, aber leider habe ich kein Geld"*. Einige geben nicht auf und wollen meine Adresse, um später zur Anlieferung ins Büro zu kommen. Welch eine Drohung! - Eine wirkliche Bereicherung ist ein Typ aus Mali in seinem traditionellen blauen Umhang der Tuaregs. Er verkauft Schatullen und kleine Spiegelrahmen aus geprägtem, schwarz gefärbtem Kamelleder, wunderschön gearbeitet. Wir unterhalten uns Französisch und er ist froh darüber, denn er hat seine liebe Not mit dem Englisch. Ich will keines seiner Artikel und B. hat auch schon sein ganzes Geld verplempert, bis auf fünf Dollar. Und das ist für den Mann aus Mali auch zu wenig, um mit Feilschen zu beginnen. Vielleicht nächste Woche!

Gegen Mittag kommen dann doch einige Weiße und Asiaten und beziehen die gemieteten Strandhäuschen, inklusive ihrer Mätressen. Eine Weiße älteren Semesters fällt auf, die mit einem muskulösen jungen Schwarzen am Strand promeniert. Solche Bilder erwartet man eigentlich nur in Touristenorten. Hier fällt es ins Auge. Als wir uns ein bisschen in den Sand setzen, bieten uns die Strandläufer Mädchen an.

Nichtstun heißt hier Bedarf zeigen! Also wandern wir. Eine kleine Gruppe um einen Alten frage ich, ob sie was dagegen haben, wenn ich sie zeichne. Darauf sagt der Alte: *„Komm herüber!"* und als ich nicht unmittelbar reagiere: *„Nichts ist gratis"*. Sehr direkt, aber eigentlich keine Voraussetzung, um locker zu zeichnen. Wegen dem wieder einsetzendem Regen fahren wir zurück nach Lagos, kommen durch zwei Militärkontrollen, wo die Fahrer der Minibusse abgezockt werden. Uns lässt man mit einem prüfenden Blick in den Fond des Wagens unbehelligt durch. Es wäre fatal gewesen, hätte uns jemand um einen Obolus gebeten, denn wir waren blank.

Wir kommen an einem in Bau befindlichen Gebäudekomplex vorbei, ein Tajh Mahal mit Kuppeln und Türmen, mindestens aus zehn großen Einheiten bestehend, teilweise sechs und mehr Stockwerke hoch. Paläste und Kirchen. Es gehört einem Superreichen, der sich seine Träume verwirklicht - der König Ludwig von Bayern hier in Nigeria.

Auf den Einfriedungsmauern sind, wie man es früher auch in Mitteleuropa öfter sah, Glasscherben oben in einem Mörtelbett eingebettet, um ein Überklettern zu verhindern. Eine tückische Sicherheitsvorkehrung, denn oft sind diese scharfen Splitter von unten nicht zu sehen. Aber man wird hier wissen, dass sie vorhanden sind, auch wenn man sie nicht gleich erblickt.

In der Lagune von Lagos haben die Fischer im flachen Wasser mit Sträuchern kreisrunde Flächen mit Einfahrten abgesteckt. Es sieht aus, als wären das Einrichtungen ein Netzersatz, bei denen man den Eingang zuerst absperrt, dann ein

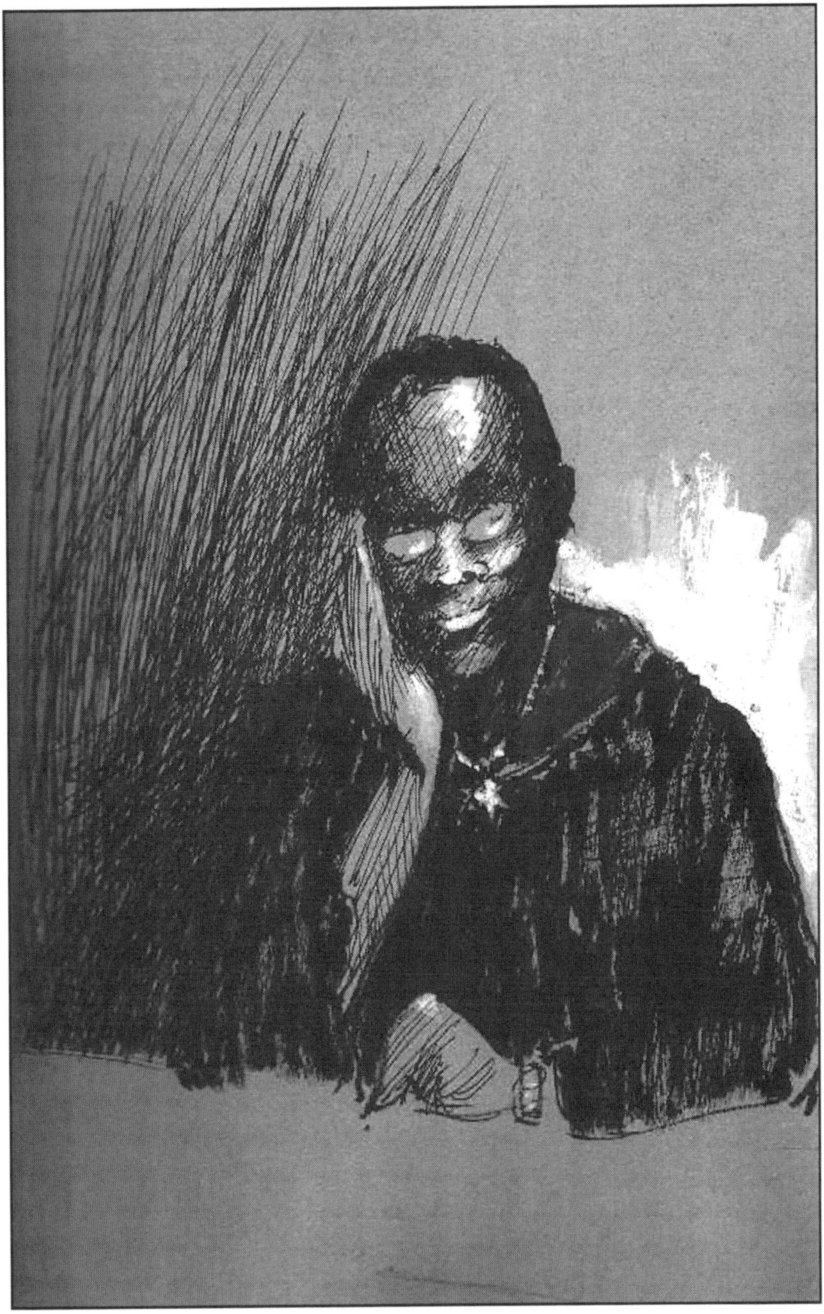

Netz hineinhängt und die größeren Fische, die durch die Sträucher nicht entkommen können oder irritiert sind, auf diese Art einfängt. Williams weiß nicht, ob das wirklich so ist, aber das ist ihm auch egal. - Es funktioniert dann auch anders. Die Netze werden von außen an die Sträucher gehängt und die Fische hineingetrieben.

Da wir immer in einem Stau landen, habe ich den Verdacht, daß Williams absichtlich auf den stauanfälligen Straßen fährt. Oder er nimmt ohne zu denken die kürzeste Verbindung, egal wie die Situation ist. Selbst für einen wie mich, der nicht mit der Stadt vertraut ist, war offensichtlich, daß andere Straßen zu fahren besser gewesen wäre. Auf meine diesbezügliche Bemerkung reagierte Williams nur mit Unverständnis. Aber es ist ja auch ganz gleich - ich sehe Neues und die Stunde mehr im Auto bringt mich nicht um. B. allerdings fürchtet um seine Gesundheit *„wegen des vielen Kohlendioxids"*. Besonders wenn ihm die Augen vor Müdigkeit zufallen erklärt er, das dies ist eine CO^2 - Vergiftung ist.

Eigentlich sollte nach meinen Informationen die Regenzeit jetzt fast vorbei sein. Aber die Angaben der verschiedenen Experten sind unterschiedlich. B. meint, die dauere noch einige Monate, Williams gibt an, sie wäre bald vorüber und im Büro heißt es unterschiedlich von *„jetzt bis vielleicht in einigen Monaten"*. Jedenfalls regnet es jeden Tag, einmal kurz, das andere Mal stundenlang und oft die ganze Nacht. Aber es ist angenehm warm, man trocknet schnell und die Überschwemmungen haben auch ihr Gutes. Die Mopedfahrer stellen ihr Gefährt bis zur Nabe in die tiefen Pfützen auf den Straßen und waschen sie dort gründlich. Manchmal werden sie allerdings von einem vorbeifahrenden Geländewagen selbst gleich mit gewaschen. Normale PKWs sind keine derartige Gefahr, denn die müssen langsam durch die Seen fahren. Ihr Motor liegt zu tief und damit ist die Möglichkeit groß, dass er unter Wasser kommt, naß wird und abstirbt.

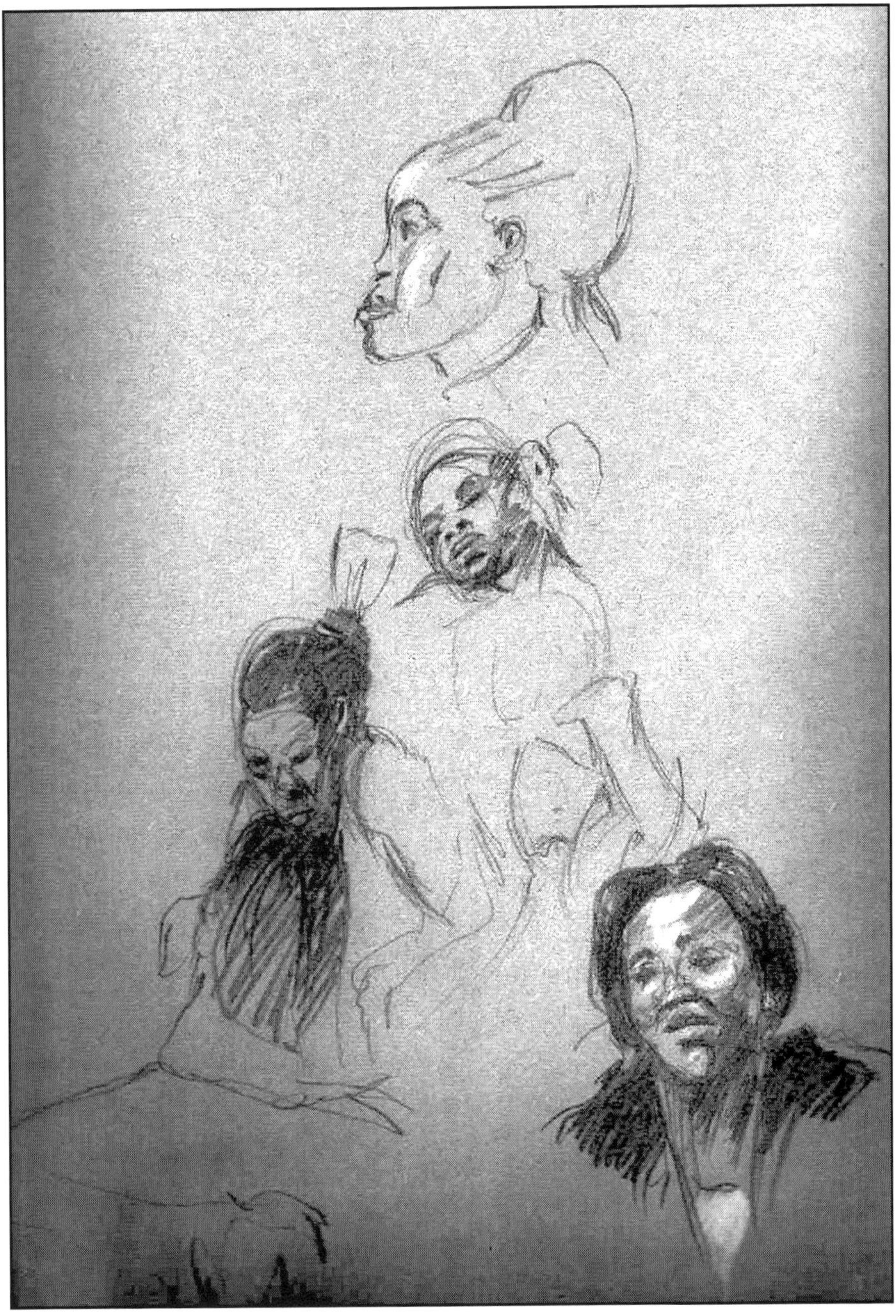

Nach einem besonders starken Gewitter in der Nacht sind alle tiefer gelegenen Straßen unpassierbar. Wir müssen den Weg ins Büro ändern: Erst auf der Autobahn, in der entgegengesetzten Richtung, als Geisterfahrer, bis zur nächsten Autobahnabfahrt und dann normal weiter. Ungewohnt und aufregend, denn dauerndes Hupen und Warnblinken erregen in diesem Land nicht unbedingt Aufmerksamkeit.

Beim Anblick eines riesigen privaten Lagers von gebrauchten Mercedes - ich schätze gut über zweihundert Stück - frage ich Williams, ob dies die geklauten Wagen aus Europa wären, und er antwortet: *„Nicht alle, aber es werden viele solche hier gefunden. Aber wenn die Papiere gut sind, dann ist das kein Problem!"* Das bedeutet, dass es von der Qualität der gefälschten Papiere abhängt oder vom Schmiergeld, ob das Auto gestohlen ist oder nicht.

KARTENSPIELER AM TRUCKERPLATZ

Die große Anzahl der Frauen, die einen großen Arsch haben, den sie hohlkreuzig hinaus strecken, ist auffallend. Wahrscheinlich kommt dieser übertrieben aufrechte Gang vom Lastentragen auf dem Kopf. Dieselben Frauen sind auch die, welche plattfüßig auf breiten Füßen watscheln. Die modernen Mädchen zeigen beide körperlichen Merkmale nicht. Die zeitgemäßen Damen haben allerdings ein Phänomen an sich, dessen Erklärung nur der modernen Chemie zuzurechnen ist. Die Mehrheit der jungen Frauen haben nicht mehr die bei älteren noch verbreitete Haartracht, Zöpfchen und unzählige Scheitel; sie haben vielmehr glatte lange Haare, oft in rötlicher Farbe. Dauerwelle in umgekehrter Art.

Der Chef der Ölfirma, Dr. Osamor, für die der neue Jetty gebaut wird, hat während einer Besprechung mit der Baufirma die beiden Iren, Paul und Jim, wegen eines Missverständnisses angesprochen und dabei erwähnt, dass Missverständnisse bei ihm und seinen nigerianischen Kollegen nicht auftreten können. Sie hätten mehr als zehn Jahre Englisch lernen müssen und darum können sie es so gut, im Gegensatz zu den Iren, bei denen immer Missverständnisse auftreten. Die Iren sind total sauer und protestieren, dass Englisch für fast zwanzig Jahre für sie in der Schule auf dem Programm stand und es eigentlich ihre Muttersprache ist. Nützt nichts, wir baden die Situation aus. Jeder Brief muss nunmehr von unserem Engländer lektoriert werden, damit gewährleistet ist, dass das Englisch perfekt ist und die Iren nichts daran aussetzen können.

Ein amüsanter Diskurs entwickelt sich aus eben dieser Wortklauberei: Es geht darum, ob die Konstruktionsfirma, wenn im Vertrag steht *„ein Set"* nun zwei Stück oder nur ein Stück liefern muss? Es ist allen klar, dass es sich nur um ein Stück handeln kann, aber Dr. Osamor bemüht das Lexikon, das er für alle Fälle auf dem Tisch liegen hat. Zur Zufriedenheit aller liest er daraus die gesamte Erklärung zu *„Set"* vor, aus der offensichtlich wird, dass es sich nur um ein Stück handelt. Dazu fällt Paul dann eine treffende Geschichte ein, die ihm widerfahren ist: In einer Bar hing hinter dem Tresen ein großes Stück Papier, auf dem stand: *„Verkaufe eine vollständige Ausgabe der Encyclopedia Britanica, bestehend aus einundzwanzig in Leder gebundenen Bänden, mit Goldprägung, da ich sie nicht mehr brauche. Meine Frau weiß alles!"* Wenn dies nicht wahr sein sollte, so ist die Anzeige doch gut erfunden.

Nur noch wenige Tage

Fünf Tage vor dem Ende des Monats ist Zahltag für die Einheimischen. Jeder bekommt einen großen Briefumschlag mit einem dicken Packen Geld, das mehr vorgaukelt als der wahre Wert ist. Alle zählen glücklich ihre Penunzen. Jetzt sind auch die Fahrer nicht mehr so scharf auf ein Trinkgeld, auch Williams nicht.

In jede Scheibe der Autos ist, als zusätzliche Abschreckung für Diebe, ein Code eingekratzt. Damit müssten bei einem Klau alle Scheiben ausgetauscht werden. - Auf den Straßen sind auffallend viele neue Mitsubishi-Geländewagen „Pajero". Da diese nicht gerade billig sind, in Europa mindestens fünfzigtausend Euro und hier ein Vielfaches davon kosten, erstaunt es doch sehr, dass fast neue Gebrauchtwagen bei den Händlern herumstehen und so viele fahren. Ein Modeauto, das auf Bestellung gestohlen wird?! Mir fällt ein, dass „Pajero" auf spanisch „Wichser" heißt - zumindest phonetisch - und darum in Spanien unter anderem Namen vertrieben wird. Und im Jemen heißt der Wagen wegen seiner üppigen Formen „Monica", in Erinnerung an die Clinton-Praktikantin im Weißen Haus.

Eine weitere Besichtigungs- und Besprechungstour mit den Vertretern der Ölfirma zur neuen Ölverladestation, dem Jetty, ist, wie schon das letzte Mal, eine Touristentour durch die Lagune. Einsame Strände während der Woche mit Palmen und

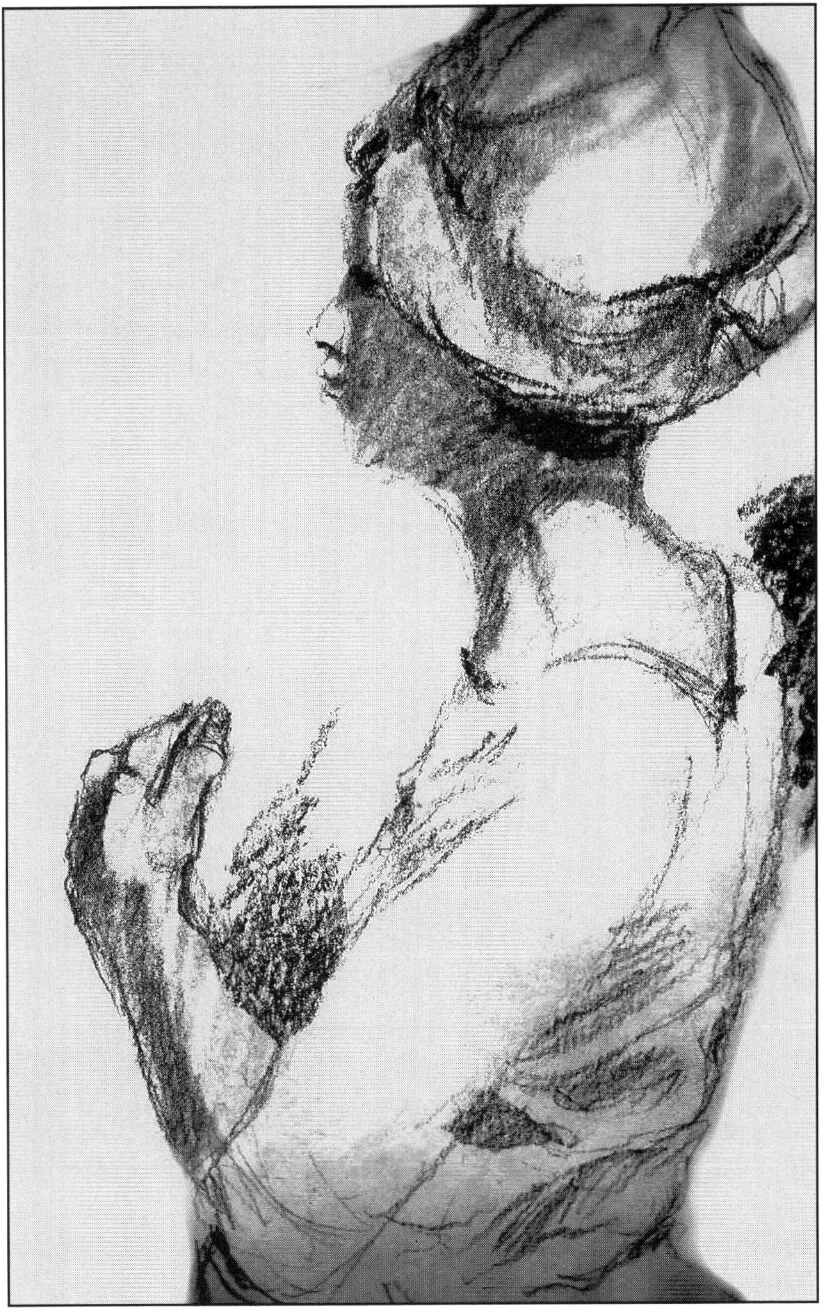

schilfgedeckten Hütten, wie auf arrangierten Postkartenfotos. Davor Fischer in Einbäumen mit Wurfnetzen. Eine einzige Idylle! - Am Jetty werden wir vom Chef des Tankyards zum Essen eingeladen. Ich bin wieder einmal der einzige Weiße und darum sind die anderen Acht gespannt, was ich wohl in der Kantine bestellen werde. Als ich Fisch mit Reis ordere sind sie einverstanden, die Kasawapampe mag ich nicht so unbedingt. Der Reis ist zwar gut, aber verdammt scharf, der Fisch ist kalt und schmeckt nach Brathering. Ich sitze zusammen mit dem Chef und einem Ingenieur an einem Tisch. Der Ingenieur patscht mit offenem Mund sein Kasawa hinunter und schnüffelt unappetitlich seinen Rotz. Von dem als Nachtisch angebotenen Popo nimmt er sich so viel er kann, sagt *„Danke"*, steht auf und geht. Der Chef muss sich vom Nebentisch seinen Nachtisch holen.

Als wir die Kantine verlassen, bringt mir ein Angestellter meinen vergessenen Notizblock nach. Schon holen einige tief Luft, um eine entsprechende Bemerkung zu machen. Allen voran der Chef der Ölgesellschaft, der immer vor den anderen brillieren muss. Ich komme ihm zuvor: *„Das ist nicht die Krankheit die ihr vermutet, das ist nur das Alter!"* und das wird allgemein akzeptiert.

Der Besuch der Bohrstelle für die Bodenaufschlussbohrungen ist ein ganz besonderes Ereignis: Ein Tanker aus Venezuela hat am Abend zuvor ungefähr hundert Meter entfernt geankert. Durch die Tide wurde der über hundert Meter lange und zwanzig Stockwerk hohe Kahn abgetrieben und lag nun keine fünf Meter mehr entfernt von der Bohrinsel. Der Kapitän warf nun die Motoren an, um sein Schiff wieder vom Rig frei zu bekommen. Eine Kollision hätte möglicherweise die zweistöckigen Container von der verankerten Insel geschubst - von anderen Schäden gar nicht zu reden. Meine Begleiter wollten die Aktion nicht sehen, es schien ihnen zu gefährlich. Der deutsche Vorarbeiter auf der Bohrinsel, ein lu-

Dr Ang Somosa

stiger Haudegen mit Kugelbauch, sah dagegen die Situation mit auffallender Gelassenheit. Der Frachter kam nach zweimaligem Vor-und-Zurück-Manöver frei, wobei es wirklich knapp war. Aber vielleicht empfand ich es nur so. Das Gefühl, wenn ein so großer Kahn näher als zwei Meter mit seinem Ruder, das größer ist als die Bohrinsel, vor einem herumschwenkt und dabei das Wasser von den starken Motoren aufgewühlt wird, dass man meint, die Insel würde von ihren Ankern gerissen, das war wirklich was ganz besonders. Die Schwarzen waren längst in unserem Boot und drängten auf Abfahrt, sie hatten schon die Leinen eingezogen und wollten nicht Teil eines Unfalls werden. Ich musste an Bord springen.

Am Vormittag des nächsten Tages gab es eine irre Aufregung im Büro: Draußen brach eine große Schießerei los. Meine Vermutung war, daß es sich um einen Überfall auf eine nahe gelegene Bank handeln könnte. Die Schießerei entwickelte sich mit automatischen Waffen und der Lärm kam näher. Ich bin kein Experte für solcherart Kampf, aber für mich war das schon erschreckend nahe. Die Schwarzen schnatterten aufgeregt und alle drängten sich ins Büro, auch die auf demselben Grundstück lebenden Familien. Kopfloses Durcheinanderrennen. Obwohl das Eingangstor gut verschlossen ist, aber keiner traut sich hinaus, um nachzusehen. Das Tor ist eigentlich immer nur angelehnt! Aber der Wächter sagt natürlich, es ist abgeschlossen, sonst muss er hinaus. Es entfernt sich die eine Schießerei, die andere verbleibt im Dauerfeuer. Dann ist allgemeine Ruhe. Das Ganze hat nicht mehr als dreißig Minuten gedauert - für die Nerven waren es Stunden! - Entspanntes Palaver der Schwarzen. Ob wirklich einige unter den Tischen saßen, wie sie gegenseitig behaupten, habe ich nicht gesehen. Aber selbst der anwesende Engländer, der schon über dreißig Jahre im Land ist, sah etwas nervös aus. Scherzchen, wie: *„Wenn man den Schuss hört, weiß man, dass man nicht tot ist"*, geben die Möglichkeit die Angst abzulachen.

Gefangene werden in diesem Land nicht gemacht! Die Gefängnisse sind voll, und darum kommen die Gangster entweder auf der Flucht um oder werden aus Notwehr erschossen. Was soll man die Typen zehn Jahre durchfüttern? Das war die Erklärung für das Dauerfeuer am Ende - es war die Exekution.

Zur Entspannung erzählt der Engländer noch eine Story, die ihm vor einigen Jahren im Büro passiert ist: Er übernachtete hier, weil es zu spät war, um gefahrlos nach Hause zu fahren. In der Nacht ein lauter Knall, als würde jemand in seinem Zimmer schießen. Zu dieser Zeit hatte man einen Hund im Garten, um sicherer zu sein. Absolute Stille, das Tier schlägt nicht an und der Engländer verhält sich ebenso. Er erwartet, dass jeden Augenblick der Räuber hereinkommt. Den Hund glaubt er erschossen, sonst hätte der gebellt. Nach einiger Zeit wagt er sich aus dem Zimmer und sieht nach dem Tier. Das hockt verschüchtert in einer Ecke und hatte nach dem Knall mindestens soviel Angst wie der Engländer, und sich deshalb ganz ruhig verhalten.

Später erzählt mir Williams, der alles weiß, was auf der Straße passiert, dass der Überfall auf die Bank an der Hauptstraße passierte, ungefähr dreihundert Meter von unserem Büro entfernt. Die Bankräuber haben die Wache erschossen, eine Menge Geld erbeutet und sind dann entkommen. Die Polizei ist zu spät aufgetaucht. Warum sie geschossen hat, weiß man nicht. Wahrscheinlich, um den Leuten zu imponieren oder zur Abschreckung. Jedenfalls entsprachen die Geschichten im Büro und die Vorstellung, was dort passiert wäre, nicht ganz den Tatsachen.

Das Improvisations - und Reparaturtalent der Schwarzen ist oft frappierend. Der Kopierer, zum Beispiel, bringt Kopien heraus, die hellgrau sind und jeder Versuch, besser lesbare Kopien mit allen nur möglichen Manipulationen der verschiedenen Knöpfe des Kopierers herzustellen, bringt nichts. Ein Fall für den Service. - Nicht so hier! Jeder Schwarze weiß offenbar, dass man das Papier nur erwärmen muß, um saubere Kopien erhalten zu können. Was sind die Weißen nur für Trottel! Das Papier einmal von der einen Seite hineinschieben zum Vorwärmen, und dann von der anderen - das ist beim Kopieren die ganze, einfache Übung.

Neue Erkenntnisse über den Banküberfall! Wenn ein solcher erfolgreich ausgeführt wurde, ist es meist eine angekündigte Aktion. Dann kommen die Polizisten auch nicht aus ihrer Station heraus, so wie in diesem Fall, auch wenn sie angerufen werden. Sie kommen, wenn alles vorbei ist und schießen in der Gegend herum. - Ob das nun Geschichten sind, oder ob das Erfahrung ist?

Die Autobahn ist beidseitig mit mannshohem Stacheldrahtzaun abgesichert, damit keine Personen sie betreten. Nur an sehr wenigen Stellen und dort auch nur über kurze Strecken ist dieser Stacheldraht noch vorhanden. Meist liegt er zusammengedreht zwischen den Betonpfählen.

Eine besondere Art der Palmen, Fächerpalmen, sind neben den allgemein bekannten Dattelpalmen vertreten.

Ein ungewöhnliches Eingangstor zu einem Haus erinnert mehr an einen Vergnügungspark als an ein Wohnhaus. Überdimensional ist das Maul des Elefanten, durch das man das Haus betritt.

Die Mopedtaxis haben den Fahrersitz beinahe über den Tank nach vorne verschoben, der Fahrer sitzt unnatürlich mit einem Hohlkreuz verrenkt. Das erlaubt es aber, zwei Personen hinter ihm zu transportieren, oder eine dickere Lady.

Wir stehen in einem Stau und der Grund sind wir. Denn als wir an das Ende einer Fahrzeugschlange kommen, wo ein Verkehrshelfer mit rudernden Armbewegungen die Autofahrer auffordert, weiter zu fahren, bleibt Williams stehen und fragt, was denn auf der anderen Seite passiert sei, wo eine Menschentraube den Blick versperrt. Ein Bus ist von der Autobahn abgekommen und durch die Marktstände in einen etwa dreißig Meter entfernten Tümpel gerast. Die Passagiere wären ausgestiegen, der Bus abgesoffen. Klar, dass auch alle anderen vor und hinter uns dasselbe wissen wollen, und sich der Stau nicht auflöst. - Die Nachricht über das Busunglück steht nächsten Tag mit Foto in der Zeitung, der Banküberfall wird nirgends erwähnt.

Ich habe Godwin dazu gebracht, mir Pfannkuchen zu machen. Er übertrifft sich an Improvisation. Da es keine Marmelade gibt, außer der importierten, macht er in einigen Minuten aus gestampften Bananen und etwas Zucker eine entsprechende Füllung für meine Crepes. Ich bin von ihm begeistert. Der Bulgare eher nicht. Der beschwert sich, dass im Fischeintopf Gräten sind: *„Was soll den das, kaum Fisch und so viel Gräten!"* - Godwin ist ganz bedrückt.

Das Pissen scheint eine Volksleidenschaft zu sein. Männer stehen sowieso überall ohne Skrupel, aber auch die Frauen scheren sich wenig und hocken sich neben der Straße hin, um ihr Geschäft zu machen. Dem kommt entgegen, dass offenbar keine eine Unterhose trägt, sonst könnten sie nicht nach vollbrachter Tat einfach aufstehen und gehen. Die Frauen mit den traditionellen Wickelkleidern können sich solche Freiheiten nicht leisten, sie würden beim Wickeln im Freien stehen. So sieht man sie in ihren knielangen Liebestötern, wenn sie ihre Stoffbahnen neu ordnen.

Nigeria hat im Fußballweltmeisterschaftskampf der Jugendmannschaften das Endspiel erreicht. Die Freude darüber ist nicht öffentlich zu sehen. Vielleicht kommt das, wenn sie tatsächlich Weltmeister werden, aber vielleicht haben die Menschen doch andere Sorgen.

Donnerstag ist Bartag, auch wenn ich auf das Bier gerne verzichten würde. Mein Kollege hängt mir in den Ohren und darum wandern wir für eine Flasche Bier zur Bar. Jedesmal dieselbe Atmosphäre: Bierbäuchige ältere Deutsche mit jungen durchaus gut proportionierten jungen Schwarzen, die ihre Kinder sein könnten. Vielleicht ist es voreingenommen, aber Männer, die an zwei, manchmal an drei Gürtelschlaufen mit Karabinern jeweils einen Schlüsselbund hängen haben, machen auf mich den Eindruck eines Hausmeisters. Und solche Typen sind hier überall.

Baltov erscheint heute Morgen mit besonders polierter Glatze. Stolz erklärt er, dass er sich zu Hause jeden Tag, hier nur die Woche zwei Mal, den Schädel rasiert. Ich war bisher der Meinung, er habe sowieso keine Haare. Auf meine Bemerkung, dass er mit diesem kahlen Kopf wie ein Tartar aussähe, erzählt er gleich einen russischen Witz, und der geht ungefähr so: In einem russischen Staat soll für die Gesellschaft der Schriftsteller ein Vorsitzender gefunden werden. Es melden sich einige Bewerber und bei der Auswahlprüfung wird einer dieser Herren gefragt: Kennen Sie Puschkin? Der Mann sagt daraufhin nein. - Und kennen Sie Tolstoi? Die Antwort lautet wieder nein. - Ja, kennen sie wenigstens Dostojewski? Nein, aber ich bewerbe mich ja nicht als Leser, sondern als Schriftsteller! - Soweit die morgendlichen Scherze.

Von dem Bild des Mädchens vom Markt habe ich eine Kopie gemacht und ihr das Werk überreicht. *„Natürlich bist du schöner, aber besser konnte ich es nicht. Ich hoffe es gefällt dir."* Sie ist ganz hingerissen, wohl weniger wegen des Bildes als vielmehr über die Anerkennung, die sie bei den anderen Markthändlern genießt. Jetzt möchte auch die aggressive Lady, die mich noch gewarnt hat, dass sie mich umbringt, wenn ich zeichne, dass ich eine Skizze von ihr mache. *„Aber deine Schönheit bringe ich doch nie aufs Papier! Und nebenbei, wie soll das denn gehen? Du bist doch wie ein Häuptling, und da müsste ich mich auf den Boden setzen und du dich auf einen Stuhl stellen, damit nur ein bisschen der richtige Eindruck auf dem Bild entsteht."* Und alle johlen, das wäre richtig und so muss man es machen, und sie steigt auch gleich auf eine Bank. Und ich setze mich auf den Boden und unter der strengen Beobachtung der Menge - und die ist diesmal wirklich erschreckend zahlreich - strichle ich die Dame. Das Resultat ist genehmigt und ich muss ihr das Original geben - mit einer Kopie gibt sie sich nicht zufrieden. Schade! Ich hätte mir das Zeichnen auch sparen können, nur zur Übung mache ich das

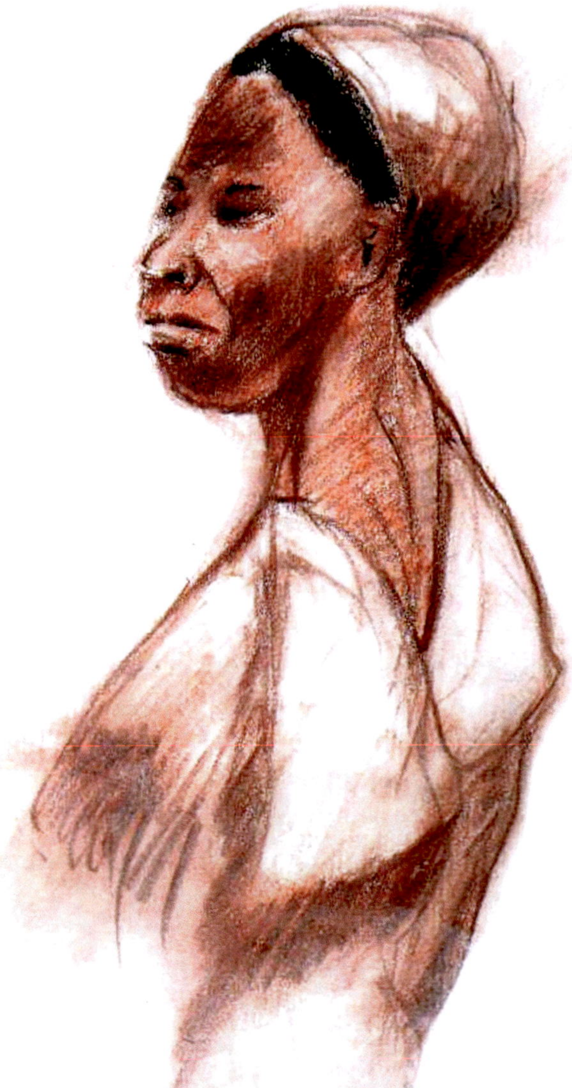

nicht so gerne. Ich gehe nach Hause und frage im Vorbeigehen die alte Vettel, die mich kürzlich herumgezerrt hat, ob sie noch sauer wäre, aber sie antwortet nur „*Hau ab!*" und das mache ich.

Beim Kauf von Heften zum Zeichnen im Geschäftekomplex von Falomo suche ich mir fünf Hefte aus. „*Wieviel kostet eines?*" Der Chef an der Kasse sagt: „*Einen Dollar*". - „*Ich habe fünf, wieviel kosten die*". Er schaut zum Himmel und überlegt. „*Fünf Dollar!*" - „*Das ist zuviel! Auf der Rechenmaschine wären sicher nur drei Dollar rausgekommen! Willst du nicht lieber die Rechenmaschine nehmen. Das wäre vorteilhaft für mich!*" - Er lacht und ich suche noch ein paar Blatt Papier aus, und die kosten sieben Dollar. Und jetzt wird es wirklich absurd. Die sieben Dollar kassiert er und als er mir für beides zusammen eine Rechnung ausstellen soll, sage ich: „*Da kannst du sowieso alles hineinschreiben, denn du verlangst bei jedem Kunden etwas anderes.*" Dagegen verwahrt er sich: „*Nein, der Preis steht doch auf den Heften!*" Aber jetzt weiß er nicht mehr, was er zusammenzählen soll und fragt: „*Wieviel muss ich auf die Rechnung schreiben? Du hast mich so durcheinandergebracht!*" Und so geht es weiter, die anderen Kunden tragen mit neuen Bemerkungen zu einer viel belachten Unterhaltung bei. Baltov ist dabei, und dem ist das eher peinlich. Er glaubt, die lachen die Weißen aus und das würde er nicht verkraften. Ich erkläre ihm das auch nicht weiter.

Nachdem unsere Sekretärin, Madame Laval, eine Skizze von mir gesehen hat, möchte sie, dass ich ihre üppige braune Schönheit aufs Papier bringe. Aber sie und auch ich sind zur Arbeit im Büro und am Abend hat sie keine Zeit, und so kann ich den Auftrag abwenden. Sie ist in ihrer Art umwerfend. Aus Verlegenheit kichert sie ohne Ende, ist aber andererseits zu den Schwarzen ausgesprochen bestimmend und läßt die Typen fühlen, dass sie die Bürochefin ist. Am Morgen kommt sie und legt erst einmal zur Entspannung für ei-

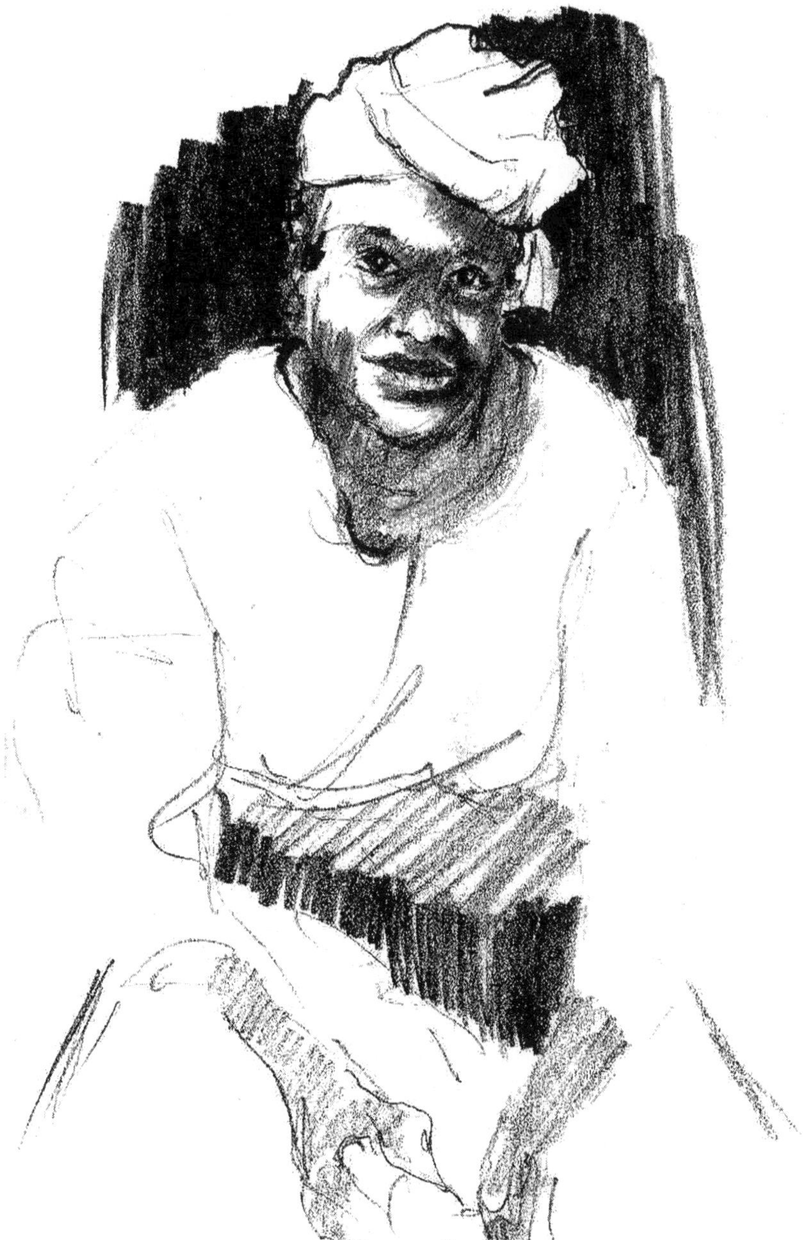

nige Zeit ihren künstlichen Dutt auf den Tisch. Später, als dann „*Parteienverkehr*" ist, klemmt sie das faustgroße Ding wieder auf den Kopf.

Unser Steward, früher hätte man „*Boy*" gesagt, aber im Zeitalter der Political Correctness gilt dieses Wort als diskriminierend, unser Steward also heißt Sunday. Das erinnert stark an Freitag, den schwarzen Begleiter oder Sklaven mit dem eigentümlichen Namen in dem Roman von Daniel Dafoe. Doch wahrscheinlich kennt Sonntag den Freitag nicht, und darum ist es ihm auch egal. Er hat ein wunderbar zerknautschtes Gesicht und ich hätte ihn gerne gezeichnet, aber er wollte nicht so recht. Und ich wollte keinen Freitag aus ihm machen und ihn dazu zwingen.

Auf der Straße steht ein brennender Minibus. Die Fahrgäste hocken in sicherem Abstand am Autobahnrand, ihr Gepäck konnten sie offenbar retten. Andere fahren interessiert vorbei. Die dringend nötige Löschaktion wird wahrscheinlich die Feuerwehr nach der natürlichen Beendigung des Brandes beginnen. So wie die Polizei nach vollbrachter Flucht der Bankräuber kommt. Die Methode ist allgemein.

Eine Überprüfung der Autos auf ihre Verkehrssicherheit findet nicht statt. Beim Aussehen der meisten Fahrzeuge würden das auch wenige überstehen. Aber eine Verlängerung des Führerscheines ist alle zwei Jahre fällig. Wegen der dabei erhobenen Gebühr! Ich hätte sofort auch eine Methode gewusst, bei der Zulassung der Autos ein Inkasso einzuführen. Aber die Leute hier wissen sicher, was noch toleriert wird und wann der Volkszorn nicht mehr zu bändigen ist.

Die Luftverschmutzung ist in einigen Stadtteilen derart stark, dass eine Dunst- und Nebelwolke über den Straßen liegt. Als wäre das nicht genug, beobachte ich einen Mann, der aus einem Mopedtank Benzin abzapft. Dabei hängt er einen Schlauch in den Tank und saugt das Benzin an, um ihn dann in einen Kanister zu hängen. Der Saft läuft dann allein weiter, aber der erste Zug muss einen umhauen. Noch schlimmer, wenn man nicht rechtzeitig zu saugen aufhört und der Mund voll Benzin läuft. Diese Erfahrung muss man wohl einmal gemacht haben, damit man weiß, wann man aufhören muss.

Nun interessiert mich doch, wie teuer die angebotenen Gebrauchtwagen sind. Ein relativ neuer Landrover „Defender" kostet 2500 Dollar. Der würde in Deutschland sicher nicht unter 20.000 Euro kosten. Aber als ich gegenüber dem Händler sage, daß ich zukünftig meine Autos in Nigeria kaufen werde, erklärt er mir, dass das nicht zu empfehlen ist. Ein nachfolgender Export in ein EU-Land würde bedeuten, dass der Wagen konfisziert wird. Ich solle mich vorher im Internet informieren, ob der PKW gesucht wird. Aber ich will sowieso kein Auto kaufen, sondern habe nur aus Interesse gefragt. Ein auf dem Gelände stehender Toyota „Carina" mit der Aufschrift „St. Anton" dürfte aus naheliegenden Gründen auch nicht für einen Reimport nach Österreich in Frage kommen.

Die Reparatur für Autoschläuche ist sehenswert: Eine senkrechte Schraubzwinge und ein Metalltischchen ist alles, was gebraucht wird. Die Prozedur ist einfach, aber braucht Übung. Der Schlauch kommt mit der Reparaturstelle auf den Tisch, ein Gummifleck auf das Loch, die Umgebung dieses wird mit Sand abgedeckt, eine Dose in der geeigneten Größe mit Kerosin gefüllt, auf das Loch gestellt und angezündet. Mit der Schraubzwinge wird nun die brennende Dose auf den Schlauch gepresst und der Vorgang ist beendet. Die Hitze des brennenden Kerosins schmilzt den Gummi, der Druck der Zwinge vulkanisiert den Gummifleck auf den Schlauch. Die Erfahrung bestimmt die notwendige Menge des Kerosins. Zu wenig führt zu keinem befriedigendem Ergebnis. Bei einer zu hohen Kerosin-Dosis schmilzt sich die Dose durch den Schlauch.

Nicht zu verhindern sind Scheibenputzer, die bei Staus, wie in vielen anderen Ländern auch, die Scheiben mit Seifenwasser verschmieren und daraufhin noch ihren Obolus erwarten.

Nach einigem Herumfragen habe ich endlich einen Markt ausfindig gemacht, auf dem Kunsthandwerk verkauft wird. Als ich Williams in die Nähe dieses Marktes gelotst habe, war er plötzlich im Bilde. Er hatte vor mir schon Leute hierher gebracht. Was für ein krummer Hund! - Jedenfalls war der Markt eine Offenbarung. Eine Aneinanderreihung von Fundgruben. Der Versuchung kann niemand widerstehen! Masken aus allen Ländern Afrikas, Elfenbeinschmuck - wahrscheinlich aus Knochen und Hörnern anderer Tiere - Flechtwaren, Bilder, Dosen aus Leder und Metall, Bronzebüsten, Teppiche und vieles mehr. Das Handeln kann dort zur Leidenschaft werden. Ein Händler erscheint mir sympathisch und darum kaufe ich bei ihm Masken. Es stellt sich dabei heraus, daß er Student der Linguistik ist. Der Preis kommt nicht wegen seines Studiums, aber wegen des Gespräches und der Versicherung gegenseitiger Sympathie zustande und beträgt zuerst fünfunddreißig und am Ende acht Dollar. Ich nehme mir vor, zum Zeichnen wiederzukommen und der Stu-

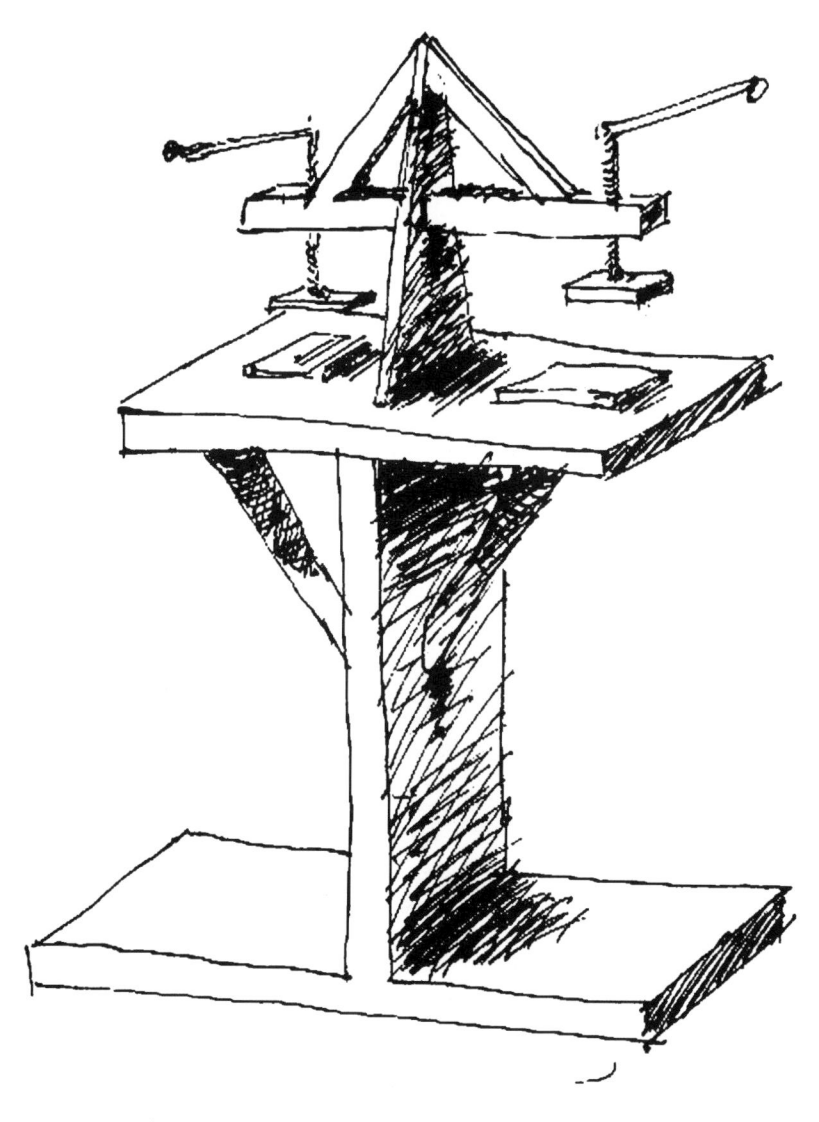

REIFENSCHUSTER
WERKSTATT

dent will mich herumführen. Die Luftfeuchtigkeit ist derzeit so hoch, dass sich das Zeichenpapier wie naß anfühlt und das Graphit des Bleistifts nicht aufnimmt. Mit diesem Handicap hatte ich nicht gerechnet, nun muss ich auf Tusche umsteigen!

Auf der Rückfahrt sehe ich ein Reklameschild „Washman Cleaning". Ob das nun der Name des Betreibers oder der Firmenname ist?

Ich möchte einmal außerhalb des Camps herumstreunen. Nicht mit Baltov - er ist ein zu großer Hosenscheißer. Dabei treffe ich Williams auf seinem Weg nach Hause. Und ich erfahre, dass er jeden Tag dieselbe Strecke, die wir kommen, ungefähr zwei Kilometer zu Fuß zurückgehen muss, um seinen Bus zu erwischen. *„Aber wir können doch selbst diese Strecke fahren und dich an der Bushaltestelle hinauslassen".* Und Williams meint: *„Das würde mir sehr helfen"* und ab morgen wird es so gemacht. Bevor ich hierher kam, wurde das ebenfalls so gehandhabt, nur als der Deutsche wegfuhr, bestand der Bulgare darauf, bis ins Camp gefahren zu werden, und mich hatte niemand aufgeklärt. Jetzt, kurz vor meiner Abreise weiß ich davon. Irgendwie reduziert sich meine Sympathie für Baltov.

Ich spaziere zwischen ausgeschlachteten Lastwagen, Garküchen mit Holzkohlenbecken, Kindern, die im öligen Sand spielen und Schlafstellen mir Kerosinbeleuchtung herum, sehe Marketenderinnen und Autobesitzer mit ihren Fahrern, Maiskolbenröster und Planteenbrater, schimpfende Händlerinnen, die einem knickerigen Käufer nachbellen.

Und dann noch eine Polizeiaktion bei Dunkelheit: Schreierei, ein Auto fährt langsam an mir vorbei und schwer bewaffnete Polizisten rennen auf der anderen Seite des Autos zur Vorderseite. Von dort bedrohen sie mit vorgehaltenem Gewehr den Fahrer und zwingen ihn anzuhalten. Ich vergesse vor Interesse weiterzugehen. Der Chef der Polizeischwadron kauft sich inzwischen einen gebratenen Maiskolben und beginnt ihn zu essen. Derweil haben sie den Fahrer aus dem Auto gezerrt, zwei Polizisten steigen in den alten PKW. Ich bin der Meinung, daß man vom Fahrer kein Geld bekommen kann, weil er keines hat! Dann muss der Fahrer wieder einsteigen, das Auto wenden und hinter das Patrouillenfahrzeug der Polizei stellen. Das Ganze sieht sehr gewalttätig aus, da ich aber der Einzige bin, der die Szene beobachtet, gehe ich doch lieber, bevor ich selbst Teil der Aktion werde. Sehr seltsam!

Rätselhaft ist auch, warum zehn einzelne Packungen Zigaretten weniger kosten als eine Stange Zigaretten mit zehn Packungen oder warum zwei Halbliter Flaschen Öl weniger kosten als eine Einliterflasche. Aber dies ließe sich endlos fortsetzen, fast immer sind Großpackungen teurer als mehrere Kleinpackungen.

Unser zweiter Fahrer hat sich ein Paar Schuhe vom Auto aus bei einem Straßenhändler, sozusagen im Stau gekauft. Er hat auch probiert, ob ihm die Größe passt. Fünfzehn Dollar. Als er weiterfährt, merkt er, dass er zwei rechte Schuhe hat und will reklamieren, aber der Händler ist davongerannt, er hat ihm wissentlich zwei rechte verkauft, und der Fahrer hat auch

HELLS DOOR
NR 108

N F L
LAGOS

Lagos.

Lagos · Nigeria

nur den rechten Schuh probiert. Er war gewaltig sauer - verständlich, wenn man bedenkt, dass ein Fahrer siebzig Dollar im Monat verdient. Wie Williams dazu sagt: *„Chickenmoney"*, aber andere haben nicht einmal so viel!

Vor dem Schild „Warten verboten" stehen an der Straße ungefähr fünfzig Leute und warten auf den Bus. Ich möchte wissen, was das denn nun wieder soll: *„Das ist gemacht, damit die Polizei, wenn der Bus stehen bleibt den Fahrer abkassieren kann".* - Die Polizei ist allerdings nicht so oft da, der diesbezügliche Obolus hält sich in Grenzen.

Nachdem ich aufgrund von Reiseempfehlungen und Erzählungen doch Bammel vor Malaria hatte und entsprechende Medikamente besorgte, habe ich hier keine einzige Mücke gesehen. Baltov hat zwar oft nach einer geklatscht, ich glaube aber nicht daran.

Ich besuche die nahe dem Büro gelegene, zweite angemietete Unterkunft für die ausländischen Angestellten. Der morbide Charme eines verlotterten, dreißig Jahre alten Bungalows in der grünen, blühenden Umgebung des zweitausend Quadratmeter großen Gartens, ist beeindruckend. Auch die Lage des Hauses ist angenehm, an einer Straße, die mit Bäumen und Büschen eingefasst ist. Eine Atmosphäre, in der es zu zeichnen und zu malen eine Wonne wäre. Aber ich bin nicht hier wegen der Wonne - eigentlich schade.

Ein nigerianischer Ingenieur der Ölfirma spricht mich plötzlich in Französisch an - wohl wegen meines Namens. Zwei Wochen verständigten wir uns in Englisch, aber da wusste er wahrscheinlich meinen Namen nicht oder konstruierte keinen Zusammenhang. Erst als jemand fragte, ob der Name Französisch wäre, und ich aufklärte, er wäre Italienisch, fing der Herr mit Französisch an. Nun, ich kramte mein fast vergessenes Französisch zusammen, und das war nicht schlechter als das seine. Aber für ein Imponieren vor seinen Kollegen reichte die Vorstellung. Ich machte ihm das Vergnügen und gewann einen

Freund, indem ich ihm in Englisch - damit auch jeder es verstand - ein Kompliment für sein Französisch machte und mich für meine lausigen Kenntnisse entschuldigte, die natürlich mit seinen exzellenten nicht Schritt halten können.

Auf unserem Balkon in Beachland stehen einige Topfpflanzen. Pflegeleichte Gewächse, sonst würden sie nicht überleben! Ich sitze dort, und keinen halben Meter entfernt bauen zwei kleine grün- und blauschillernde Vögel - sie sind nicht mehr als fünf Zentimeter lang - ein Nest in eines dieser Dornengewächse. Zwei aufgelassene Nester befinden sich schon in demselben Geäst. Ein schlauchförmiger Einflug erinnert an die Bauten der Webervögel, aber diese hier sind liegend und nicht hängend angeordnet und fix an den Zweigen verankert.

Wenn ich am Sonntag lieber ins Büro gehe, um dort auch bei Sonnenschein zu arbeiten, statt mit den beiden Balkanesen an den Strand, dann bedarf es keiner weiteren Erklärung. Ein rumänischer Kollege ist von seinem Heimaturlaub zurückgekehrt und erzählt bei jeder möglichen und unmöglichen Situation über sein Land, dasselbe macht Baltov schon seit meiner Ankunft. Vielleicht hebt sich diese Eigenschaft auf, wenn beide zusammenkommen. Ich will nicht dazwischen sein. Der Rumäne kokettiert mit seiner Zigarettensucht und dass er ohne Rauch nicht existieren kann. Und wenn er nicht raucht, dann redet er - meist von Rumänien. Ich brauche mich nicht zu entscheiden, was mir lieber ist, denn manchmal macht er beides gleichzeitig. Die Zigaretten sind natürlich in Rumänien billiger als hier. Aber hier kosten sie sowieso schon wenig - die Packung zwischen siebzig Cent und einem Dollar. Dann bekommt man wohl noch was raus, wenn man in Rumänien Zigaretten kauft?

Ich versuche festzustellen, was eine bestimmte Bauarbeit in Nigeria kostet. Zwischen den Firmen liegen unglaubliche Preisunterschiede. Die teuerste liegt um das Fünfzehnfache über der billigsten. Als ich bei einer staatlichen Stelle um einen

Preis, möglichst von einem erst kürzlich ausgeführten Projektanfrage, ist man dort auch gerne bereit, mir Preise zu nennen. Aber sie warnen mich gleichzeitig, dass kein Preis eines Projektes mit dem anderen zu vergleichen wäre. Ich müßte doch verstehen, dass die Abgaben an Bezirksobere von denen gestaltet werden. Und die Gemeinden möchten doch sicher auch einen Zuschuss. Und dazu kämen noch private Interessen. Und, je nachdem, ob das Projekt staatlich oder privat gebaut wird, wäre auch hier mit Kosten zu rechnen. Ich sollte nicht nur Material und Arbeit rechnen und etwas weiter denken! Als ich amüsiert gucke, meint mein Informant: *„Ja, Nigeria ist korrupt, aber wir leben damit ganz gut!"*

Nachdem die Regenzeit eine Pause eingelegt hat, ist das Wetter mindestens so gut wie in angepriesenen Urlaubsgegenden. Morgens werden schon um sieben Uhr zweiundzwanzig Grad erreicht, die aber tagsüber nicht über fünfundzwanzig steigen.

So, wie man in Deutschland öfter sieht, dass Zwillinge gleiche Kleider tragen, so trifft man hier häufig Ehepaare, die Gewänder aus demselben Stoff geschneidert haben. Natürlich in einem anderen Stil - die Männer lange Überhänge, die Frauen Wickelkleider, aber gleiche Farben und Muster. Und diesbezüglich sind die Stoffe an Auffälligkeit kaum zu überbieten.

Die in den 1960er Jahren in Europa höchst beliebten Batikkleider feiern hier fröhliche Urständ. Dabei passen sie ins Straßenbild, weil eben alle Bunt tragen und ein weiterer Farbtupfer nicht auffällt. Kaum vorstellbar, wenn eine Frau auf deutschen Straßen mit so einer Ausstattung auftreten würde!

Jetzt habe ich die ersten Meter in Nigeria ein Auto gelenkt. Baltov war „surprised" und ich „amused". Was soll ich dazu sagen, wenn er nach vollbrachter Tat - nach vielleicht einem Kilometer - meint: *„Sie haben große Erfahrung ein Auto zu fahren!"* - Ich hätte beinahe gesagt, dass ich normalerweise mein Auto schiebe ...

Um sieben Uhr abends wird das große Tor von Beachland geschlossen. Danach ist nur mit Hupen Einlass möglich. Und entsprechenden Kontrollen! Bis Sieben ist der Eingang mit einem Schlagbaum versperrt, und nach Gesichtskontrolle und mit einer ausgehändigten Plastikmarke kommt man hinein. Diese Marke ist beim Verlassen wieder abzugeben. Aber so genau wird es nicht gehandhabt, die Weißen scheren sich sowieso kaum darum und die Schwarzen „arrangieren" sich.

Eine Erfahrung mehr

Nachdem meine zwei balkanesischen Kollegen vom Strand zurück waren, holte mich Williams gegen zwei Uhr Nachmittag vom Büro ab. Ich möchte einige Händler an ihren Ständen zeichnen, darum soll mich Williams in die Hafengegend fahren. Vom Auto aus sollte es funktionieren, denn einige der Nigerianer reagieren empfindlich, wenn sie merken, dass sie abgebildet werden.

Auf unserem Weg kommen wir am alten Bahnhof vorbei und Williams lässt mich aus dem PKW, damit ich mich etwas umsehen kann. Hier ist nicht viel los - ein zweistöckiger langgestreckter Bau, uninteressant. Das Eingangsgitter ist offen, ich gehe hinein, wie andere auch. Ein trister Bahnsteig, an dem ich erst entlangschlendere, mache einige Photos, klettere über die Gleise, schaue mir einen abgestellten Waggon von innen an, und notiere, wie die vergammelte Garnitur aussieht. Dann stelle ich mich zum Zeichnen hin und skizziere die Anlage, obwohl sie eigentlich kein geeignetes Motiv ist.

Nach ein paar Minuten will ich zurück zum Auto, als zwei Typen herankommen, mich anrufen bevor ich das Tor erreiche und beim Näherkommen fragen, was ich mache. *„Ich skizziere, warum?"* „Wir sind Polizei", und einer der Beiden in Jeans, zeigt mir seinen Polizeiausweis und will wissen, wie ich heiße. Ich zeige ihm die Kopie meines Passes. Er fordert mich auf, mit auf die Polizeistation zu kommen. - Was bleibt mir übrig? Während wir die zweihundert Meter zur Station gehen erklärt mir der Zivilpolizist: *„Es ist verboten ohne Genehmigung diesen Ort zu betreten und den Bahnhof zu zeichnen!"* - *„Wo steht das?"* - *„Jeder weiß das!"* - Nichts dagegen zu sagen, dieses Argument gilt immer! In der Station erklärt der andere Typ in einer schwarzen Polizeikluft: *„Du kommst hierher, gehst ohne Genehmigung rein und zeichnest. Du meinst, weil*

du ein Weißer bist, darfst du alles!" Ich finde, dass es sinnlos ist, hier herumzulabern, sage aber trotzdem: *"Aber es steht weder ein Schild irgendwo, noch ist ein Bahnhof ein Ort, zu dem man eine Genehmigung braucht, um ihn zu betreten. Was sollen die Passagiere machen? Brauchen die vor jeder Fahrt eine Genehmigung, um auf den Bahnhof zu gehen?"* Aber er entgegnet souverän: *"Heute ist Sonntag, da fahren keine Züge!"* *"Als ich hereinkam, da fuhr ein Zug!"*, sagt daraufhin jemand aus dem Hintergrund. *"Das war ein Test."* - Die Lage scheint für mich hoffnungslos, denn die wollen Geld! Der Zivilheini fordert mich auf: *"Komm hinter den Tresen!"* - *"Nein, so nicht"* entgegne ich! *"Erst möchte ich meinen Fahrer draußen informieren, der wartet dort auf mich."* - *"Du hast einen Fahrer? Wo ist er? Welches Auto?"* - *"Draußen vor dem Gitter, ein blauer Peugeot 504."* Und der schwarze Sheriff geht hinaus, um Williams zu holen.

Inzwischen wollen der Zivile und die ganze Schar von Untergebenen meine Skizzen sehen. *"Du bist Künstler?"* *"Ja, und ich war interessiert an dem alten Gebäude, darum habe ich es gezeichnet."* - Warum erzähle ich das? Interessiert doch kein Schwein! Die wollen was anderes sehen. Einer der Untergebenen fragt: *"Was hast du dabei?"* Ich darauf: *"Ungefähr zehn Dollar"* - *"Nein, kein Geld, was ist in deinen Taschen? Lege alles auf den Tresen!"* - Ich weigere mich, die zwanzig Taschen meiner Maljacke vor diesen Fuzzies auszuleeren.

Williams kommt auf den Platz vor der Station gefahren, steigt aus und - schlägt erst sein Wasser ab. Wie ein Hund, der sein Revier markiert. Der schwarze Sheriff schlendert in die Station hinein und schreit mich an: *"Du bist ohne Genehmigung in den Komplex eingedrungen und ich werde dich jetzt einsperren!"* Seine Stimme überschlägt sich: *"Ich sperre dich jetzt, JETZT, ein und werde deine Botschaft darüber informieren. ICH SPERRE DICH JETZT EIN!!!"* - Was für ein Idiot! Ich habe immer nur mit dummen Leuten Probleme.

Der Zivile fordert Williams auf, sich hinzusetzen und ich setze mich auch. Wir sind noch immer direkt am Ausgang. Irgendwie habe ich ein besseres Gefühl, einen Schritt von der Freiheit entfernt zu sein, als hinten in irgend einem Büro, den dunklen Gang entlang.

Der Zivile will den Chef holen. Vielleicht ist der besser, hoffe ich. Es ist eine einfache Überlegung. Heute ist Sonntag, alles geschlossen. Morgen ist Nationalfeiertag. Auch alles zu. Das heißt, ich müsste mich zwei Tage in einem Loch vergnügen und darauf warten, bis sich ein sogenanntes „Missverständnis" aufklärt, denn als solches würden es die Leute dann ausgeben. Ich kann auf das Vergnügen gerne verzichten!

Der Sheriff setzt sich hinter den Tresen und mampft sein Essen, sieht aus wie Spaghetti mit Tomatensauce. Andere Delinquenten werden gebracht und in die hinteren Räume geleitet. Williams wird von einigen verhört: *„Du hast ihn hergebracht! Wie lange ist er schon in Nigeria? Warum hast du ihn reingehen lassen? Du weißt doch, dass man dazu eine Genehmigung braucht!"* - Williams windet sich. Das ist verständlich, er ist als Nigerianer einerseits auf ihrer Seite, andererseits kann er wirklich nichts dafür und falls doch, dann kriegen sie ihn noch eher an den Haken. Es geht noch eine Weile in diesem Ton weiter, dann kommt der Chef. In Joggingdress. Er fordert mich auf, ihn in sein Büro zu begleiten; dann soll auch Williams mitkommen. Das Büro ist ein trister Raum, blau gestrichen - alle Polizeistationen in Afrika scheinen blau gestrichen zu sein! - mit zwei abgenützten Schreibtischen. Am zweiten ist ein Kollege mit drei „Verbrechern" zugange. Der Chef bietet uns Platz an und beginnt: *„In unseren Land sind andere Gesetze als anderswo. Und gerade wegen der Situation - du weißt USA - müssen wir besonders auf die Sicherheit achten!"* Das fängt gut an! Ich gebe ihm recht, habe volles Verständnis für das Vorgehen, entschuldige mich. Woher hätte ich wissen können und so weiter ... Ich zeige ihm die Skizze des Bahnhofes und auch die anderen Zeichnungen aus dem Block. Dann leere ich meine Jackentaschen. Er muss vor den Anderen doch als Chef dastehen, darum mache ich das in vorauseilendem Gehorsam ohne seine Aufforderung. Stifte, Radierer, Bleistiftspitzer, Farben, Papier und den Fotoapparat. Was für ein Glück. Ich hatte eben das letzte Bild auf dem Bahnhof geschossen und konnte jetzt vorführen, dass der Apparat kaputt war. Auslöser geht nicht und Filmtransport funktioniert auch nicht.

Er fordert mich auf, alles wieder einzupacken, schaut sich meine Passkopie an. *„Aus Innsbruck?"*, und dann erzählt er, dass er in Frankfurt in der Polizeiausbildung war. Die Sache scheint zu laufen. Jetzt nur noch mit möglichst geringen Reibungsverlusten hinaus. Meine innere Anspannung nimmt deswegen aber nicht ab. Maximal bin ich zehn Dollar los! Oder bei einer falschen Reaktion oder einem falschen Wort, fängt die ganze Scheiße wieder von vorne an. *„Ich war auch in Frankfurt, habe dort fünf Jahre gearbeitet. Jetzt lebe ich aber in München"*. Er kommt mir noch mehr entgegen: *„Was ist dein bevorzugter Fußballklub?" „Bayern München"* passt und nachdem ich auch noch von Okocha weiß, der bei Schalke spielt, ist alles klar. Ihm ist bekannt, wer sonst noch von den Nigerianern im Ausland spielt, bei welchem Verein, alle Details der Bundesliga. Und ich setze noch drauf, dass Nigeria in der Fußballweltmeisterschaft der Jugend ins Endspiel kam, während Deutschland ausgeschieden ist und dass die Nigerianer gegen Frankreich sicher gewinnen würden - das Spiel ist heute Nacht - und dann bekämen alle nigerianischen Spieler einen Auslandsvertrag, würden aufgekauft und reich werden. Ich bin zwar kein Fußballfan, aber in dieser Situation werde ich einer. Gut, dass ich gestern die deutschen Nachrichten mit dem Sport gesehen habe. Und so quatschen und lachen wir eine Weile recht entspannt. Dann stellt er seine Hand, die flach auf dem Tisch gelegen hatte aufrecht - zu viel Aufwand den Arm zu bewegen - und ich gebe ihm erleichtert meine

Pfote: *"Ich werde zukünftig in Nigeria weder links noch rechts schauen, ohne Genehmigung."* Schlusslachen und Abgang. Er hält Williams noch für ein Wort zurück und ich warte draußen in der Sonne. Wahrscheinlich etwas blaß, das Ganze ging mir ganz schön auf die Nerven. Nach einigen Minuten kommt Williams nach und möchte mir später erzählen, was der Chef noch wollte. Aber erst will er weg.

Das geht nicht so einfach, denn zwischenzeitlich ist das Tor, durch das er kam, mit Kette und zwei Vorhängeschlösser verrammelt. Ein Junge holt den schwarzen Sheriff, um das Tor aufzusperren. Er kommt auch aus seiner Bude, doch als er uns sieht, fordert er uns grimmig auf, das andere Tor zu benutzen. Wir kurven suchend herum, mein Kommentar: *"Die wollen, dass ich wirklich alles hier sehe!"* Irgendwo, nach einem halben Kilometer, können wir die Schienen überqueren, kommen aus dem Bahnhofsgelände hinaus in das Eisenbahnerwohngebiet. Völlig versifft und heruntergekommen. Sicher dürfen wir hier auch nicht herumfahren! Nach einigen weiteren Kilometern geht es dann wieder über die Schienen zum Haupteingangstor und bei der Doppelwache grüßend hinaus.

Williams informiert mich über die Worte des Chefs: Normalerweise wird der Weiße eingesperrt und der Fahrer in die Firma geschickt, damit diese das Geld, das in solchen Fällen gezahlt werden muss, aufbringen kann. So läuft das! Und Williams soll zusehen, dass so etwas nicht nochmal passiert. Das Gesicht ist so für alle gewahrt.

Wahrscheinlich habe ich in dieser Stunde mehr erlebt - und auch mehr geflattert - als andere in Jahren. Aber die zeichnen ja auch nicht. Zeichner leben offensichtlich gefährlich!

Von wegen Zeichnen! Ich wollte doch Händler malen, aber Williams war jetzt nicht dafür zu haben, noch irgendwo stehen zu bleiben. Am Lagunenufer konnte ich ihn doch dazu bewegen mich aus dem Auto zu lassen. Ich wollte die Arbeit an der Herstellung der Ruderboote zeichnen.

Aber diesen Vorsatz gab ich sofort auf. Vielleicht war ich zu nervös, aber als einige halbnackte teerverschmierte Typen wegen Sonntagsgeld ankamen, war mir das zu ungemütlich. Besonders weil Williams schon vorher eine diesbezügliche Bemerkung gemacht hatte und einige Stellen als unsicher bezeichnete. Aus dem Inneren des Autos versuchte ich das Zeichnen an anderer Stelle. Aber auch dort kamen einige verwegen aussehende Männer vorbei, denen ich zutraute, dass sie einen für fünf Dollar abmurksen. Ich hatte zehn dabei, da lohnte sich das zweimal. Wir fuhren zurück nach Beachland, in den sicheren Hafen.

Dort hatte Baltov sein eigenes Erlebnis und ich verzichtete, über meines zu berichten. Nach seinem Ausflug zum Strand, wo er bulgarische Stemmer getroffen hatte, die die nigerianischen Sportler trainieren, sah er beim Heimkommen einen ihm unbekannten Schwarzen, der sich in unserem Haus aufhielt. Und beim Aufsperren der Wohnungstüre fand er, dass an dem Schloss herummanipuliert worden sein muss, denn es ließ sich nur schwer öffnen. Also, so sein Schluss, musste der

Schwarze versucht haben, in unsere Wohnung einzudringen. Und weil er nur über das Eingangstor des Wohnkomplexes kommen konnte, musste auch der Torwärter mit zu dieser Aktion gehören! Dass man in wenigen Sekunden über die Mauer kommt, musste ich ihm erklären. Er konnte sich den ganzen Abend lang nicht beruhigen.

Am nächsten Morgen eine neue Story: Der Niederlassungsleiter und seine Frau wären bei ihrer Heimfahrt von Räubern auf die übliche Art attackiert worden: Nägel auf dem Boden und damit die Reifen kaputtgerissen. Aber es wäre ihnen die Flucht gelungen, mit kaputten Reifen und beschädigten Felgen. Welch eine Geschichte, verglichen mit der Wahrheit. Als der Herr ins Büro kommt, war es nur eine Reifenpanne gewesen. Vielleicht ist es mit den vielen Überfällen das Gleiche!?

Bei einigen meiner Auslandsaufenthalte hatte ich aus reiner Sammelleidenschaft Mehlsäcke mit den Aufdrucken der Länder mitgenommen. Teilweise waren die Säcke sehr dekorativ. Im Kongo waren es die farbigen Figuren, in Saudiarabien die fremde Schrift, und hier? Ich erklärte Williams, was ich wollte und er brachte mir erst einmal einen Sack aus Plastikgewebe an. Leinensäcke gäbe es nicht. Dann wusste Godwin, dass es Salzsäcke aus Leinen oder Baumwolle gibt. Ach, Godwin! Ich beobachte ihn, wie er hin und wieder in die Speisekammer geht und die Kopie seines Portraits aus dem Regal holt und lächelnd betrachtet. Ich habe seinen Geschmack getroffen!

Nach zwei Wochen kommt Williams und fragt, nachdem er bisher keinen Salzsack gefunden hat - er hat wohl auch keine Zeit gehabt einen zu suchen - ob er nicht Stoff kaufen und den Sack nähen lassen soll?! Auf diese Idee haben ihn seine Fahrerkollegen gebracht, als ich während einer Rasieraktion zu dieser Gruppe in den Garten vor dem Büro kam. Aber nun ist zum wiederholten Mal klar, dass es um die Aufdrucke und nicht um den Sack geht. - Das Rasieren war eine echte Ver-

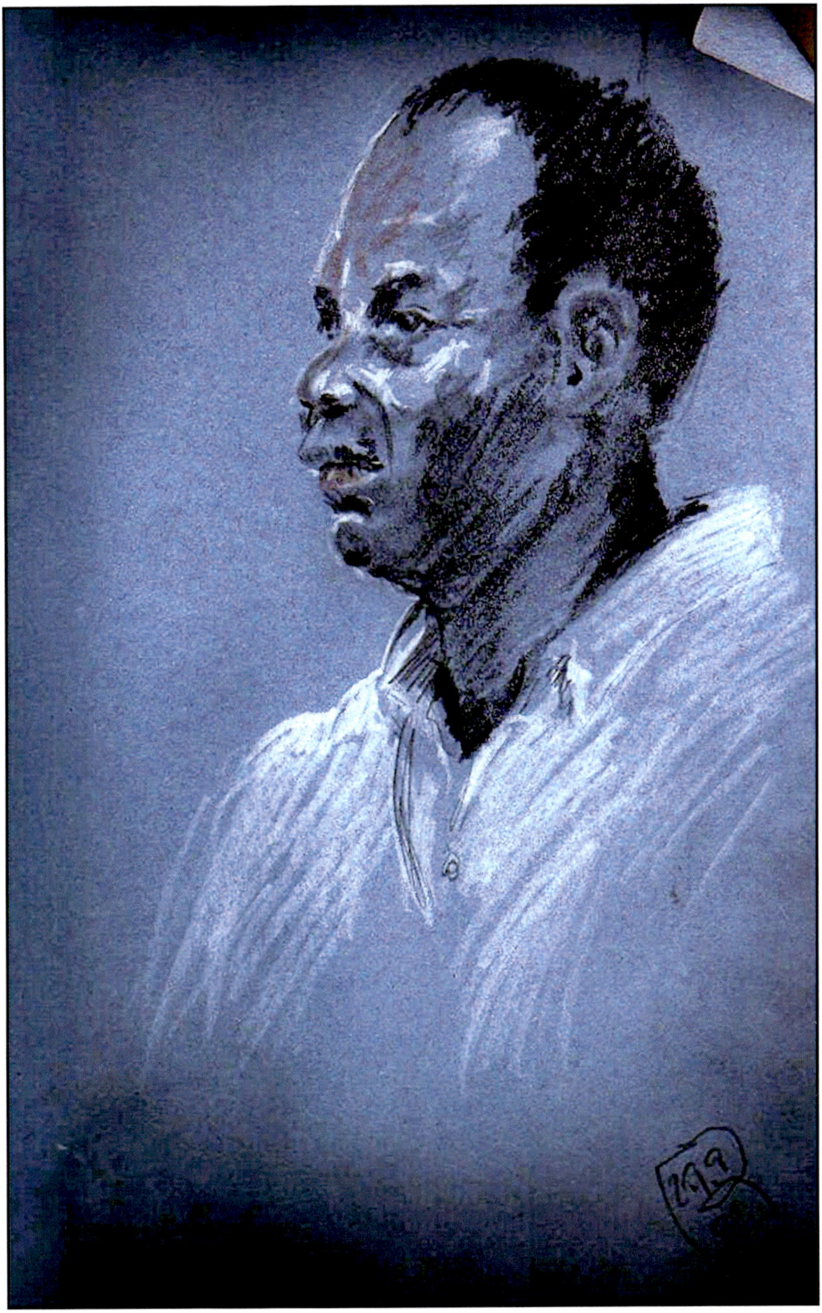

anstaltung. Der Barbier kam auf Bestellung ins Haus. Der Fahrer saß halb liegend auf Brettern, die man entsprechend an einen Baum gelehnt hatte. Der Patient war vollständig in ein weißes Bettlaken gehüllt und der Barbier rasierte ihm mit einem großen Rasiermesser zuerst den Schädel und dann das Gesicht. Und alle standen herum und unterhielten sich, einschließlich des Barbiers. Ein gesellschaftliches Ereignis. Leider kam ich zu spät und konnte die Situation nicht zeichnen, aber wenigstens genießen. Eine solcher Totalkahlschlag kostet einschließlich der Schlussbehandlung, dem Abreiben mit einem nassen desinfizierendem Mineral, dreißig Cent. Für Weiße wären es fünfzig - immer noch sehr preiswert für die halbstündige Prozedur.

Preiswert dagegen ist hier das Tennisspielen nicht. Das berührt mich wenig, ich spiele kein Tennis, aber die Kollegen wohl, die leiden. Die Aufnahme in den Tennisklub kostet siebenhundert Dollar, die monatliche Gebühr einhundert. Als Alternative können sie auf dem Firmenplatz im Camp spielen, aber dort sollen sich nur Anfänger tummeln. Was für ein Dünkel! Dafür muss man bestraft werden, und sei es mit satten Gebühren.

Ich muss nochmals zum Kunstgewerbemarkt, um dort ohne Stress zu zeichnen. Die Autobahn durch die Lagune erlaubt den Blick auf die Stadt vom Meer aus. Das Bild erinnert an ein Gemälde von Canaletto. Die Gondeln ähneln den Booten, die vor der ruhigen Kulisse der Stadt entlangstaken. Sie sind nur nicht so hochgebogen. Darüber wölbt sich der Mittelmeerhimmel. Es ist toll. Nur stehenbleiben kann man nicht, um vielleicht zu malen. - Auf dem Markt sind die Preise verlockend niedrig. Elfenbeinringe kosten um vier Dollar, Elfenbeinarmreifen mit Tiermotiven geschnitzt zehn Dollar, Tonvasen und Schalen von zwei Dollar aufwärts, Holzschüsseln fünfzehn Dollar. Aber ich will nur Zeichnen und das gelingt.

Letztlich bin ich mehr bekannt, als die Händler untereinander. Und immer ist jemand dabei, der in Deutschland war und stolz davon berichtet. Aber ich gehe weg, wenn mir einer der Händler anbietet, meine Bilder zu verkaufen. Ich nehme sie lieber mit.

Bei der Heimfahrt überholt uns die Polizei mit Martinshorn. Der Beifahrer hat den Arm aus dem Fenster hängen mit einem meterlangen Stock und schlägt jedem, der nicht, oder nicht schnell genug ausweicht, mit Wucht auf die Karosserie.

Ein Schild der Regierung an einer Baustelle zeigt unfreiwilligen Humor „*Taxpayers money in action*". Es arbeiten ganze zwei Leute. - Ein Mann trägt eine Hühnersteige mit Drahtgitter auf dem Kopf. Drinnen sind etwa acht Hühner, die im Rhythmus seiner Schritte aufstehen und sich setzen. Dass denen das nicht zu blöd wird!?

Die nigerianische Büroleiterin möchte für ein Portrait Modell sitzen. Dafür kommt sie morgen mit einer „schönen" Frisur! Ich versprach ihr, dass sie eine Kopie bekommt. Und sie darauf: „*Ich nehme das Original!*" Ich kläre auf: „*Das Original behalte ich!*" Sie fragt: „*Aber ich kann doch die Kopie auch in einen Rahmen tun?*" und ist beruhigt als ich das bestätige.

Morgendliche Diskussion! Godwin serviert Baltov seinen Zitrussaft. *„Warum so wenig?"* blafft der. *„Sie haben mir zehn Stück für zehn Tage gegeben. So presse ich jeden Tag eine."* Baltov beschwert sich, dass dies zu wenig ist und dass Godwin zwei Orangen hätte nehmen müssen. Und so geht es weiter bis dann Baltov behauptet, dass er zehn Orangen und zehn Grapefruits gekauft hat, er wusste was er gekauft hat. Godwin beschwört Gott, dass er nur fünf Orangen und fünf Grapefruits gekauft hat und ist dem Weinen nahe. Ich will mich eigentlich nicht einmischen, aber finde das Theater absurd. *„Behaupten sie damit, dass Godwin fünf Orangen geklaut hat?"* Und Baltov erwidert: *„Nein, aber ich weiß was ich gekauft habe!"* - Alles klar! Godwin erklärt, dass er keine Orangen wachsen lassen kann, Baltov will mit ihm nicht mehr reden und in Zukunft sein Frühstück selber machen, was er nie tun wird. Die Stimmung ist im Keller. Ich entschuldige mich bei Godwin über die Ungerechtigkeit und der meint, das wäre immer so. Bringt fünfzehn Eier und sagt, es wären sechzehn, und er muss sie ihm vorzählen. Und die Scheiben seines Toastbrotes zähle er täglich, damit ihm keiner eine wegnehme. Ein Typ zum knutschen! Da fällt nicht mehr ins Gewicht, dass er im Auto genau darauf achtet, dass nichts über die Mitte auf seiner Seite Platz wegnimmt - sei das eine Tasche oder eine Jacke. *„Entschuldigen Sie, ihre Tasche drückt auf mich!"* Mich drückt schon einige Zeit, ihm etwas zu sagen. Und schlucke es hinunter.

Die beiden Damen im Büro waren wirklich hinterher, dass ich sie zeichne. Ranty meinte schon in der Frühe, als ich ankam: *„Sir, I am ready!"* Sie hatte sogar ein besonderes Kleid angezogen. Einige Tage vorher hatte ich sie gefragt, ob sie es erlauben würde, da sagte sie noch: *„Nein"*.

Die Bürochefin, Madame Lavalle, schminkte sich und trug eine besondere Creme auf. Das nützte nichts, ich traf sie nicht zu ihrer Zufriedenheit. Sie bemängelte, dass die Farbe des Kleides ihrer Kollegin viel schöner wäre. Schließlich fand sie das Bild aber doch ganz gut und will es im Schlafzimmer aufhängen.

RANTI BEN-OSADDLOR

MRS LAVALL

Abreise

An einem der der letzten Abende gehe ich nochmals zum Markt, um vielleicht doch noch etwas zum Zeichnen zu finden. Was ist sonst zu tun, zwischen der Ankunft im Camp und dem Abendessen? Die „Chefin" fordert mich auf, mich zu ihr zu setzen und dann scherzt sie: *„Wir wären doch ein gutes Paar!"* Ich bin etwas irritiert, gehe aber auf sie ein: *„Jaaaa, deine Schönheit und meine Intelligenz, das wäre schon was. Und von unseren Kindern würden noch Generationen reden. Die würden Häuptlinge oder gar Präsidenten werden, und die Mädchen Schönheitsköniginnen oder Ministerinnen".* Sie sagt: *„OK, dann werden wir ein Paar!"* - Jetzt wird mir die Sache doch zu heiß. Ist das wirklich noch ein Scherz oder schon ein Angebot?

„Halt, halt! Da gibt es noch ein Problem! Erst einmal bin ich verheiratet und habe Familie" Und weil ich glaube, das dieses Argument nicht genug ist, setze ich noch eines drauf: *„Ich bin nur ein kleiner Buchhalter und bekomme hier gerade einmal einhundertfünfzig Dollar im Monat".* Das ist nicht ganz glaubhaft und darum ergänze ich: *„Und meine Familie in Deutschland bekommt auch noch ein paar Dollar, die werden direkt an die dort bezahlt."* Meine selbsternannte Braut stöhnt: *„Oh, ouhhh."* Die Liebe ist offensichtlich stark erkaltet. Sie meint: *„Die Familie stört mich nicht, die ist weit weg."*

Das Geld stört sie wohl mehr und dann fällt ihr ein: *„Aber du kannst doch die Firma fragen, dass sie dir mehr zahlen!"* Und ich: *„Klar das mache ich! Demnächst muss ich sowieso ins Hauptbüro nach Deutschland zurück, und da kann ich fragen. Aber wahrscheinlich werfen die mich dann aus der Firma hinaus, wenn ich mehr Geld will!"* - *„Nein, das dürfen die nicht! Du musst es ihnen nur genau erklären."*

Was ich da allerdings erklären soll, ist mir nicht klar. Dass sie einen Galan für ihren Unterhalt braucht?

Ich verabschiede mich mit dem Hinweis, dass wir wohl kein Paar werden würden und dass das alles doch nicht erst gemeint war. Und sie antwortet abschließend: „*Wir möchten dass du wiederkommst!*"

Ich auch.